目次

プロローグ

三月十一日午後二時四十六分、大地が揺れた。すぐに終わるだろうと思った。が、揺れは大きくなり異常な長さで続いた。誰もが自分は今ここで死ぬと、思ったにちがいない。私は、滅茶苦茶になっていく家の中で、今ここにいない三人の娘のことを考えていた。しまった！どこにいるんだ？学校？帰宅途中？すぐさま家を出ようとするが、できない。立ってもいられない。次の瞬間、轟音《ごうおん》がした。どうやらすぐそばで大規模な崖崩れがあったようだ。とんでもないことが起きている。窓から仙台の街の高層ビルは溶けはじめた飴《あめ》のようにゆがんでいるように見えた。私は宮城県沖地震（一九七八年）の犠牲者の多くが、道沿いのブロック塀の倒解によるものだったことを思い出して、転がるように家を飛び出して子供たちの学校に走った。

道路は動かない車であふれ、道路の隙間は帰宅しようとする人で立錐《りっすい》の余地なく埋まっていた。人の数は、仙台の七夕まつりと変わらない。違うのは、人の目が血眼だったことだ。映画でしか見たことのない人々の姿だった。人の波をかきわけて前に行く。すると、「パパー！」という声が道の向こう側から聞こえた。防災頭巾をかぶっていて顔がよく見えなかったが、三女の羽永《はな》だ。流れに逆らうように近づくと、羽永は私に抱きついて泣きだした。「こわかったけど、はなは学校では泣かなかったよ。でもパパを見つけたら悲しくなったの……」。「創楽《そうら》は？」と聞こうとすると、福祉の付き添いの方に手を引かれた、ダウン症の次女の創楽が私のお腹にしがみついてきて「おわいよ、おわいよ、そうらあいたよ、(こわいよ、こわいよ、そうら泣いたよ) え〜ん、え〜ん」と話してくれた。ああ、ふたりは無事だった、よかった、よかった、と思うやいなや、中学二年生の長女の宇未《うみ》のことを思った。「さあ、宇未を探しに行こう！」。自宅からさらに広い通りに出ると、郊外に行く人と止まったままの車の数が何倍にもなって異様だった。ふたりの子供の手をひいて中学校に入ると、校庭に全生徒が避難していた。時をおかず、私たちを見つけた宇未は照れたように近づいてきた。無事だった。「これでよし」と初めて私の硬直した身体がやわらいだ。すると、雪が降ってきた。みるみる空が埋まって、吹雪になった。

私の住むマンションは無傷だったが、ライフラインがすべて絶たれ、パソコンは転倒して使い物にならず、携帯も通じずただの塊となって、どうしようもない。挙げ句の果てに、不気味な揺れが、これでもかこれでもかとやってくる。おびえる子供たちと、避難所に移動することにした。着の身着のままで。もう日が暮れていたが、リュックを背負ってどこかに向かう人たちの姿があちこちにある。コンビニは人でごったがえしていた。避難所になっていた子供たちの小学校は、一〇〇〇人を越える帰宅難民で足の踏み場もない。居場所を求めて歩く。児童館に明かりを見つけてそこの体育館で四人二枚の毛布にくるまって夜をすごした。眠りにつく前に宇未がぽつんと言った。「家族そろったからもう死んでもいいね」。

テレビもラジオも新聞もない。つまり情報がない。だからなにが起きているのか、母や兄や友人たちがどうなっているのか、さっぱりわからない。今、子供たちがここにいて、とりあえず生きている、それでいいのだが、これからどうしようか？　翌朝、まだガソリンが残っている車で、実家のある塩竈《しおがま》に向かった。いつものように三陸自動車道にたどり着く。不思議な静けさをいぶかしく思っていると、おびただしい流木と廃屋になった道沿いの店舗、そこここに乗り捨てられた車……。仙台港のほうから来る人の群れがあったので、いったいなにがあったのか聞いてみると「津波だ。ひどいもんだ。あっちは死体だらけだ」。驚くというよりも、海から五キロも離れたここに水が来ているということがわからなかった。いつもは三十分で着く母の家に、道を変えて山越えをして三時間かけてたどり着く。

家族は幸い無事だったが、海産物屋を営む実家は冠水し、途方に暮れる兄がいた。玄関にぽつねんと青ざめて座っていた母は、元気な孫の顔を見て歓喜した。その日の夕方、私はいても立ってもいられず、ひとりで、近くの浜に行った。慣れ親しんだ、大好きな風景が消えていた。しかし、海はなにもなかったように穏やかにあった。私は体が震え、涙があふれるのを抑えることができなかった。ああ、なんにもない、なんにもない……。

私は震災後、日記にこう記しています。私は「シェイクスピア・カンパニー」という仙台を拠点にしたアマチュア劇団の主宰をしています。一九九五年の旗揚げ公演から十の作品を上演し、延べ観客動員数は一万五〇〇〇人に及びます。

私たちの劇団が上演するのは、名前の通り、イギリスの劇作家シェイクスピアの作品だけです。しかも、そのシェイクスピア劇を東北弁で上演しています。

しかし、震災後、メンバーひとりひとりの生活は変わってしまいました。まともに生活ができないのに、お芝居などやっている余裕はありません。私たちが二〇〇七年に上演した、東北版『ハムレット』である『奥州幕末《おうしゅうばくまつ》の破無礼《はむれ》』のせりふを思わずつぶやいている自分がいました。

「すっか、すねがだ。なじょすっぺ」（するか、しないか。どうしよう）“To be or not to be;that

is the question”

舞台の上ならば、目の前にひしめく、この有名なせりふを待ちに待っていた観客がいます。しかし、私のつぶやきは、宙に浮いて地面にボトッと落ちました。劇団は、今や風前のともしび。一体、「またやろう」と言っても、一体何人の仲間が手を挙げてくれるだろうか。自問すると、どこからか「それどころじゃない」という声が返ってきたように思いました。

震災直後の仙台の街は死んだようでした。東北最大の百万都市、仙台を支える、新幹線と東北自動車道という二つ道が断たれていたからです。ある日その街で、私はひとりの見知らぬおばあちゃんに声をかけられました。「下館さんだすぺ（でしょう）。シェイクスピアやめんのすかわ？（やめるのですか）……やめねで（やめないで）、いっつも楽しみにしてんだがら。んでも、悲しぐなくて長ぐないのやってけさいん（やってちょうだい）」。実は、そのとき私は揺れながらも、もう劇団をやめようという思いに大きく傾いていました。そして、その理由は、震災ばかりではなく、震災より少し前から、私たちがお芝居で使っている東北弁（仙台弁）がわからないという声を、ほかならぬ地元の仙台で耳にするようになってきたからでもありました。

そもそも、私たちは「シェイクスピアは、本来、東京のものでも学者のものでも芝居人のものでもなくて、みんなのもの」という思いから、「よそよそしい標準語ではなくて自分たちの言葉を使ってシェイクスピアをやろう」と立ち上がったのです。それなのに、「わからないと言われてしまってはどうしようもない」と思いはじめた矢先の震災。とどめを刺されたような気持ちでした。そして、正直なところ、たとえ今、やめてしまったとしても、誰も不思議に思わないだろうとも思っていました。

でも、「やってけさいん」と言うおばあちゃんがひとりいる。それならば、やろう。これまでのように何百人の観客がいなくてもいいじゃないか。役者も、十人、いや、三人もいればいい。いや、やる気さえあれば一人でもやれる。ちゃんとした劇場なんかいらない、なんにもない空間でいい、小学校の教室だって、どこかの家のお茶の間だっていいんだ。そうつぶやいているうちに、「一年で終わるかもしれないと言われた『シェイクスピア・カンパニー』が、曲がりなりにも十五年以上も続いてきたのは、来てくれたお客さんのおかげじゃないか。そうだ、これまでは、やりたいからやってきたけれど、これからは、こんなに長いあいだやらせていただいてきたことへの恩返しだ」と思い至って、気がつけば迷いなく散り散りになった仲間たちに「大きな被害を受けた湊《みなと》を歩いて、これまでの恩返しをしねが（しようよ）」と声をかけていました。なにをやるか？　私の中にはひとつしかありませんでした。『ロミオとジュリエット』。旗揚げ公演の作品だからではなくて、誰もが知っているからです。ひょっとすると、シェイクスピアという名前よりも、有名かもしれません。傷ついた子供たちもわかるシェイクスピア劇をやりたかったのです。

しかし、あの状況で被災地をめぐるお芝居をするというのは、並大抵のことではありませんでした。

私は、慣れないバンを運転して役者たちを乗せて往復五時間、場合によっては十時間もかかる被災地を何往復もすることになりました。寝る場はやっとのことで見つけた集会所。もちろん布団などありません。ストーブはあっても灯油はありません。ですから、寝袋と灯油をたずさえての旅です。食事はパンやおにぎり……旅を繰り返すうちに、いつまで続けられるだろう、と思ったのは私だけではなかったと思います。

しかし、私たちは湊をめぐる公演で出会った女川町《おながわ》（宮城県牡鹿郡）のひとりのおばあちゃんに「よし、続けよう！」という勇気をもらいました。

そのおばあちゃんは、海のそばでお店を営んでいましたが、津波でみんな流されて、知り合いもいない地域に身を寄せていました。おばあちゃんは、若い人たちが来るといううわさを聞いて、公演の前日に私たちの泊まる集会所の前で待っていてくれたのです。

おばあちゃんは、翌日お芝居を見に来てくれました。お芝居が終わった後に、最後まで一生懸命に見てくれたおばあちゃんにお礼を述べ、私は、お芝居がどうだったか心配で「なじょだったべ？（どうでしたか）」と問うと、得意気な顔になって「おら、ぜんぶわがったおん（わかりました)」。そして、「亡ぐなったじいちゃんの若《わ》げときのごど思い出すてすまって……おらもじいちゃんのジリエットだったんべが〜」と言って、少女のように恥ずかしそうに笑ったのです。私は、胸をつかれて目に涙がにじみました。そして「んだよ、おじいちゃんがロミオ、おばあちゃんはジュリエットだっちゃ！」と言って、ふたりで笑いました。それは、宝物のような忘れられないひとときでした。おばあちゃんが教えてくれたこと、それは私たちのシェイクスピア劇の言葉が、ほかならない、私の生まれ育った塩竈の言葉で、太平洋に向かう東北の湊の言葉だということでした。

「シェイクスピア・カンパニー」の作品はすべて、一緒に長い旅をしてきた素敵な仲間たちと、その言葉を聞いて笑い涙を流してくださったお客さんによって創られてきました。これから、私たちの冒険の始まりから今までを、お話ししたいと思います。

第一幕　劇団旗揚げ

シェイクスピアとの出会い

私が初めて触れたシェイクスピアは、映画『ロミオとジュリエット』（一九六八年）です。オリヴィア・ハッセーの初々しさが鮮烈だったのを覚えています。その帰りに近くの書店で初めてシェイクスピアの本を手にしました。それが木下《きのした》順二《じゅんじ》訳『ハムレット』です。小説や詩しか読んだことのなかった高校一年生にとって、戯曲というのは「読みにくい」というのが第一印象で正直「おもしろい」と感じることはありませんでした。しかし、たまたま手にした木下順二によって、木下の先生、中野《なかの》好夫《よしお》の書いた『シェイクスピアの面白さ』（一九六七年、新潮社）に導かれ、大学進学のために上京すると、自然にシェイクスピアの舞台に魅せられていきました。時代は、空前のシェイクスピア・ブームに突入していて、演出家としてデビューしたばかりの蜷川《にながわ》幸雄《ゆきお》、ジーパンを衣装にシェイクスピアを演出していた出《で》口《ぐち》典雄《のりお》や「俳優座」の増見《ますみ》利清《としきよ》が大活躍していました。

一九七六年、私はイギリスに留学します。そして、そこで初めてイギリス人の役者による、イギリスの英語で話される、イギリス人の観客に見られているシェイクスピアの舞台に出会うのです。

ウィリアム・シェイクスピア（一五六四～一六一六）。イギリスが生んだ世界最大の劇作家です。その正体は謎に包まれていて、確かなことは、およそ四十の劇作品があるということだけです。シェイクスピアの生誕の地と言われている、イギリス中部の街、ストラトフォード・アポン・エイヴォンはシェイクスピアの聖地です。そこに生まれて存在していた皮革屋の息子ウィリアム・シェイクスピアが、本当にロンドンで活躍した芝居人ウィリアムだったのか、はっきりした証拠はありません。それでもイギリスには「シェイクスピア・インダストリー（産業）」という言葉があるほどで、大きな観光資源の一つでもあります。

一年半に及ぶイギリス留学から戻ると、私はアパートにこもってシェイクスピアの原書を読んでばかりいる日々を送るようになっていました。いつの間にか大学院に入って数年、このままだと就職もできずに三十歳になってしまうと自らの身を案じて教職の免許を取ることにし、教育実習のために母校の東北学院高校（宮城県仙台市）に行きました。そのとき、横断歩道でたまたま再会した高校の恩師との出会いがきっかけとなって、新設する教養学部の教員として東北学院大学に採用されることとなったのです。

教鞭《きょうべん》をとりはじめてから五年ほどたったある年、大学から学生の夏季アメリカ留学の付き添いを依頼されました。問題は付き添いではなくて、お別れ会のときに行われているお芝居の上演でした。留学生がホームステイでお世話になった方や大学の先生方にお芝居を見せるという企画は、それまでも行われていましたが、それほど大がかりではなく、「桃太郎」「かぐや姫」「浦島太郎」といった日本の昔話をもとにした素朴なものだったようです。それが、その年に限っていきなり、木下順二作『夕鶴《ゆうづる》』という本格的なお芝居になったのは、付き添うことになった私がお芝居好きだったからです。

初めての海外であるアメリカを楽しみたいと思っていた学生たちにとっては、余計な仕事が増えてさぞかし迷惑だったろうと、今さらながら思います。しかし、学生たちがみんな自分の子供のようにかわいく思われて、今思えば、このときの学生たちとの出会いこそが〈東北弁のシェイクスピア〉の種子でした。アメリカに行く前の稽古も、アメリカ滞在のあいだも、劇を作り上げることが楽しかったからこそ、この経験が「シェイクスピア・カンパニー」の原点になったのだと思います。

楽しいから時を忘れる、楽しいから続く。ここがアマチュアなのでしょうけれど、結果はどうでもよい、プロセスが豊かであればとさえ思っていました。せりふは東北弁で、ところどころで英語の達者な学生たちが解説を加えました。果たして結果は、満員の観客からスタンディング・オベイションを得るほどの大成功でした。たとえどんな稚拙なお芝居であっても、学芸会に出る孫を見るようなあたたかさで迎えてくれたにちがいないでしょうが、それにしても、大変な反響でした。

東北での芝居創り

仙台は東北で最大の街で、人口約一〇八万人の政令指定都市です。しかし、私が東京から仙台に戻った当時、いざお芝居を見たいと思うと選択肢は限られていました。実力のある劇団主宰者はいましたが、ほとんどがアングラ劇に影響を受けたお芝居を上演していて、オリジナルのお芝居が中心でした。観客層は若者に限定され、子供やお年寄りを見かけることはまれでした。私が見たい、チェーホフ、イプセン、テネシー・ウィリアムズ、シェイクスピアといった西洋の翻訳劇の舞台は何年たっても皆無でした。ですから、それを見るためには東京まで出かけるしかありませんでした。

私は、いびつな演劇環境にがっかりしたものです。しかし、それ以上にがっかりしたのは、仙台に劇場と言えるものがまったくなく、ほとんどは多目的ホールという、なににでも使えて便利だけれども味気ない空間ばかりだったということです。

私は場には魂のようなものが宿ると信じています。日本や世界の有名な劇場には、そこで演じることで特別の力が与えられるようななにかがあります。しかし、東北の拠点仙台にはそういう空間はまったくありません。なぜなのでしょう？　単純にお芝居を見ようとする人たちが少ないからだと思います。興行する側から言えば、上演するとなれば興行成績がよくなければならなくて、そのための入れ物の収容人数は大きいほうがいいわけです。となると、最低一〇〇〇人は収容できる大劇場が中心になります。

逆に考えてみようと思いました。仙台の人がお芝居に関心がないならば、シェイクスピアが名作を生んだ舞台である、ロンドンの劇場「グローブ座」のような魅力的な場を創ってみよう。それも、みんなでお金を出しあって創る。寄付をしてくれた人や団体の名前を柱や床に記す。そうしたら、誰か特定の人のものではなくて、みんなの劇場になる。熊本の人でも札幌の人でもソウルの人でも上海の人でもアテネの人でもコペンハーゲンの人でも、東北に自分の建てた劇場があるから行ってみよう、ということになって、世界中から来てくれる可能性がある。そして、もしそこで、いつもお芝居が上演されていたら、どんなにか素敵だろう。よし、和製「グローブ座」を創ろう！

一九九二年二月二十九日、鈍色《にびいろ》の空が広がる春まだ浅き仙台の街で、三十人の多彩な人物が集まって、劇団「シェイクスピア・カンパニー」が発足しました。どうやって集めたかと言えば、暇を見つけてはいろんなところに出かけて行って、「おもしろいことをやるのだけれども、遊びに来ませんか？」と声をかけて、一緒にお酒を飲んで、と結構地味なプロモーションを積み重ねての結果でした。この集まりの最大の特徴は、年齢も職種もバラバラであったことと、みなさんがお芝居の通でもお芝居に興味があったわけでもないところにありました。魚屋、肉屋、主婦、教員、税理士、弁護士、サラリーマン……。この三十人の後ろには一人につき十人近い仲間がいましたから、すでに三〇〇人近いサポーターが存在していたと思います。話は、まず「シェイクスピアってなんだ？」という素朴な問いから始まりました。そして、「シェイクスピアがおもしろいならば、そのことを東北の仙台のみなさんにわかってもらうことが第一だ」ということになり、「自分たちでシェイクスピアを創るのはいいけれども、一体そんなことができるのか？」。そして自然に、「資金は？　脚本は？　演出は？」という具体的な問題に向かっていきました。演出家については東京から有名な先生を呼んでくればいいという声もありましたが、それならば東京に見に行けばいいのでは？　となると、演出は、半年後にまたイギリス留学予定の下館さんに勉強してもらってやってもらうのがいい、ということになったわけです。

「シェイクスピア・カンパニー」の真骨頂は、劇団ができる前に、まるでドーナッツの形のように中心になる役者がいないまま、サポーターである観客がいたということだと思います。劇団があって、そのお芝居を見てもらいたいから観客を集め出したのではないのです。

私は演出という仕事にかねがね興味を持ってはいましたが、こうなったら日本人がまだ足を踏み入れたことのないところで学ぼうと思いはじめました。となれば、世界のシェイクスピア演劇の最先端を走る、イギリスの劇団「ロイヤル・シェイクスピア・カンパニー（ＲＳＣ）」しかないと、荒唐無稽なことを考えはじめたのです。

イギリスに突撃、ワナメイカー氏に会う

「ロイヤル・シェイクスピア・カンパニー（ＲＳＣ）」は、ストラトフォード・アポン・エイヴォンを本拠地とする、一五〇年以上の歴史のある劇団です。数多くの有名俳優を輩出していて、シェイクスピアと言えば「ＲＳＣ」と言っても過言ではありません。

「叩きなさい、そうすれば開かれる」という言葉が聖書にありますから、叩いてみようと思いましたが、叩く扉は遠くイギリスにありますから、まず日本にあるイギリスの玄関「ブリティッシュ・カウンシル」(イギリスと諸外国の文化交流活動を推進している国際文化交流機関)にひとり向かいました。そこで、たまたま面会してくれたイギリス人女性スタッフに「東北シェイクスピア構想」なるものを説明すると、彼女が関心を示してくれたことでいくつもの扉が開いて、ついに、私たちは駐日代表から「RSC」代表への紹介状を獲得することになったのです。紹介状に記された名は「RSC」のジェネラル・マネージャーのデイヴィッド・ブリアリー氏でした。

私が、そのブリアリー氏の部屋のソファに座っていたのは、それから間もなくのことです。彼の手には駐日代表の手紙があって、その中には「彼らは東北の仙台を基盤として、非常な熱意をもってシェイクスピア演劇を広めようとしている集団であって、その数は三〇〇人におよび、劇場建設を目標に掲げている。この度、その代表の下館氏が貴劇団を訪れるが、できるだけの助力をしていただきたい」と記してあります。この手紙によほどの効力があったにちがいない証拠は、イギリスの留学先となったケンブリッジの下宿にじかに電話が入ったことと、下宿のベッドを温める間もなく「RSC」に呼ばれたことにあります。

かっぷくのよいブリアリー氏は、まだ三十の半ばで貫録もない私と紹介状の中身のあいだにギャップを感じたにちがいないのですが、社交的な笑顔で私を迎えてくださって、開口一番に「そして、なにをお求めですか?」と問われました。私は"Shakespeare Company"という名前をいただきたいのです、とお願いしました。「『日本シェイクスピア・カンパニー』ということですか?」「ただの『シェイクスピア・カンパニー』です」。

一瞬ためらいを見せて、隣にたたずむスタッフに「我々には『ロイヤル』がついていますからね、いいんじゃないですか?」と微笑んでくれましたが、目は笑っていませんでした。「ほかには?」と言っていただいたので、「日本で『ロイヤル・シェイクスピア・カンパニー』の名を引き継ぐにふさわしい舞台づくりを試みていきたいので、ぜひ演出の勉強をさせていただきたい」と本質的な話題に切り込みました。もちろん、このとき「ハイ、わかりました」という答えをいただいたわけではありませんが、翌年秋には紹介をしていただき、その後私たちの劇団の核となるワークショップを学ぶこととなった、「RSC」の名だたる指導者シシリー・ベリーの薫陶《くんとう》を受けられることになりました。

「もう一つ大切なお願いがございます。サム・ワナメイカー氏に会わせていただきたいのです」と申しますと、さすがに「図々しいやつだ」と思われたようで、「それは無理です。サムは今、ロンドンで最も忙しいアメリカ人なんですよ」と苦笑されました。「劇場建設は私たちの運動の核になりますので、どうしても会わせていただきたいのです」と私がすごむと、ブリアリー氏は観念して私の目の前で秘書にワナメイカー氏に電話をさせて、アポイントをとってくれたのでした。

シェイクスピアが活躍したのはエリザベス朝（一五五八年〜一六〇三年）時代です。ロンドンのテムズ川南岸にある劇場「グローブ座」（一五九九年開業）を本拠地とし、その一座の株主、俳優、劇作家として中心的な存在であったシェイクスピアは、一六一四年に引退するまで、ここで四大悲劇を初めとした数多くの名作を生み出しています。しかし「グローブ座」は、一六一三年『ヘンリー八世』の上演中に焼失してしまいます。翌年再建されますが、一六四四年に清教徒によってロンドンのすべての劇場が閉鎖され、シェイクスピアの劇場は演劇史上の伝説となりました。

その「グローブ座」をロンドンのサザークに復元しようと考えたのが、先に私が「会いたい」とお願いした、サム・ワナメイカー氏（一九一九〜一九九三）です。ワナメイカー氏はアメリカ人の映画監督・俳優で、テレビシリーズ『刑事コロンボ』の監督（二作品）や、『ナイル殺人事件』『プライベート・ベンジャミン』などに出演しています。『ハリー・ポッターと賢者の石』で魔法使いのほうきで飛行法を指南するフーチ先生を演じたゾーイ・ワナメイカーのお父上でもあります。ロンドンを訪れ、荒廃した劇場の跡地に落胆した彼は、偉大な劇作家シェイクスピアにふさわしい劇場「グローブ座」の復活に情熱をかけ、原型にできうる限り忠実な「グローブ座」の再建という巨大なプロジェクトを起動させるのです。

一九九二年十一月二十一日、私はワナメイカー氏に会うために、サザークにあった「グローブ座」事務所に出かけました。そのころのサザークはまだ閑散としていて、ロンドンの「グローブ座」の建設が始まったものの、資金難に直面して壮大な計画が中断していました。

やっと会えるときがやってきたとわくわくしながら事務所の戸を叩きましたが、現れた秘書は私を見るや「ワナメイカー氏はずっとお待ちになっていらっしゃいましたが、つい先ほど帰られました」と不機嫌に一言。「一時にお会いできるということで来たのですが……」と言うと、怒りだして「一時？　十時でしょ。私は十時とはっきり言ったはずです」。直接話をしたのはブリアリー氏の秘書でしたが、そんな言い訳を言える雰囲気ではなくて、彼女の剣幕に私は途方に暮れました。そして、おそらくかなり間の抜けた顔で「ワン、テン」と繰り返しつぶやいていました。私があまりに情けない顔しているのを見るに見かねたのか、秘書はその場でワナメイカー氏の自宅に電話を入れてくれました。その答えは「明日、アメリカに行かれるので、もう会えないとは思うけれども、三時ごろにもう一度連絡をとってみてください」というものでした。

ソーホーの中華料理屋でチキンスープを食べた後に、スープの香りにかすかな希望を感じながら、秘書に連絡を入れました。すると「あなたはラッキーよ。リージェント・パークのご自宅でお会いするそうです。今すぐ向かってください」。私は狂喜しました。ワナメイカー氏のイメージは、悪役の印象が強いせいもあってギラギラした怖いおじいちゃんでしたが、目の前に現れたのは白髪で柔和な表情の紳士でした。話しながら私は、彼のなんとも言えないやさしさとユーモアに魅せられていきました。

ワナメイカー氏の「新『グローブ座』構想」は壮大なビジョンをはらんでいて、一〇〇年後の未来にまで及んでいました。私が「日本の東北に木造の『グローブ座』を建てたいのです。しかも個人でも、ある特定の企業や自治体によってでもなく、できるだけ多くの人たちの手で」と語ると、「君もクレイジーだって思われてるんだろうね。私もそう言われ続けてきたけれどね」と言ってうれしそうに笑いました。私たちの計画がその規模の大きさにもかかわらず具体的なことはなにも決まっていない、雲をつかむようなものであることを、ワナメイカー氏はすぐさま察知したにちがいないのですが、「具体的にどんなことかもっと聞きたい」と熱心に耳を傾けてくれました。そして終始、先生が学生に対するように穏やかで、どんな些細《ささい》な質問にも真剣に答えてくれました。

建設が頓挫しかかっている新「グローブ座」については「私が死ねば建ちますよ」と言うので、その理由を問うと「結局、私がイギリス人じゃなくてアメリカ人だからですよ」とさびしげに答えました。「私が『シェイクスピア・ディズニーランド』でもつくって、ひともうけしようとしているくらいにしか思われていないのですよ。確かにシェイクスピアはイギリス人だったけれども、彼の作品は世界のものですからね、日本人の君が建てたっておかしくないのです。でも、やっぱりシェイクスピアですからね、イギリス人には譲れないものがあるのでしょう」。三十分だけという約束でしたが、気がつけば二時間が過ぎていて、「これからお芝居を見るので、このくらいで失礼します」「なにをご覧になるのですか?」「『蜘蛛女のキス』です」。このお芝居の主演男優は、新「グローブ座」の芸術監督となるマーク・ライランスでしたから、今思えば、このときにワナメイカー氏は自分の後継者はこの男と思い定めていたのかもしれません。

そのときから五年後、構想から四十六年たった一九九七年、川向こうにセントポール寺院がそびえ立ち、近くにロンドン橋のかかる場所に新「グローブ座」が誕生しました。「できる限りシェイクスピア時代の上演に忠実に」というワナメイカー氏のコンセプトに基づきシェイクスピア劇を中心に上演する劇場です。十六世紀の伝統的な技法を駆使して建てられた二十角形、直径約三十メートルの劇場で、屋根にはノーフォーク産の葦《あし》がかやぶかれ、骨組みはすべてオーク材、外面はしっくいと白壁で仕上げられています。しかし、ワナメイカー氏は、私が会った翌年、新「グローブ座」の完成を見ることなくこの世を去りました。あの日別れ際に、私の手を強く握りながら「お金以外の協力は惜しまないからね。結局、お金じゃないんだよ。人の心。情熱がすべてさ」と言って微笑んでくれました。

私は、このとき、巨大なエネルギーをワナメイカー氏からいただいた気がしました。その後、このホラ話にしかしか聞こえないような劇場建設計画を、確信をもって人に伝え、少しずつですが歩んでこられたのは、ワナメイカー氏との出会いがあったからだと思います。しみじみと彼が生きているあいだに会わせてくださった運命に感謝しています。夢を実現するのは行動で、行動は出会いを生んで、人を夢の実現に近づけていくのです。

「人間の精髄は好きなものに込められている」

これは、『どん底』を書いたロシアの作家、ゴーリキーの言葉です。実は、私は大のラーメン好きで、その好きなものが、私たちのシェイクスピアへの道を拓《ひら》いてくれました。

いよいよシェイクスピアの舞台創造の道を歩き出した私は、一九九二年の留学ではケンブリッジ大学に通い、二十歳のときよりも意識的に一日に何本ものシェイクスピア劇を見るようになりました。そのうちに、イギリスの舞台には、「RP（アーピー）」と言われる標準英語の音があって、ロンドンの下町なまり、スコットランド、アイルランド、ウェールズのなまりと共存・交錯していることに気づきます。

そして日本で見るシェイクスピアとイギリスで見るシェイクスピアに、なにか大きな違いがあるような気がしました。今思えば、その違いとは、舞台で上演されているお芝居ではなく、お芝居を見ている観客でした。日本ならば、観客はお芝居好きに限られていますが、イギリスでは、おそらくすべての普通のおじいちゃんおばあちゃん、おじさんおばさん、おにいさん、おねえさんなのです。

そんなイギリスのシェイクスピアを見ながら、それならば私たちは一体どんなシェイクスピアを創ったらいいのだろう？　その答えのヒントが浮かんだのは、意外にもラーメン屋だったのです。

私はラーメンが好きです。ラーメンが好きな日本人は大勢いますが、私は、好きが高じて自分でつくるようになっていました。一年間もイギリスにいるならば、おいしいラーメンが食べられなくなる、それならば下宿で毎日つくればいいと思い、この留学のときのスーツケースの中は、かつお節、利尻昆布《りしりこんぶ》、スルメ、乾しいたけ、天塩などといったラーメンスープの材料であふれていました。

ある日、下宿にケンブリッジ大学の教授や友人を、ディナーにお招きしました。メインディッシュは、言うまでもなく下館風東京ラーメンです。しかし、私が三日がかりでラーメンのスープに注いだ愛情と努力はむなしく裏切られました。社交的なイギリス人は、少しもいやな顔をせずに「おいしい」を繰り返しながらも、口にしたのはわずかな麺とチャーシューだけでした。そして明らかに空腹だった彼らがデザートのアイスクリームを貪る姿は、私のラーメンが彼らの口に合わなかったことを物語っていました。

失意のうちに目覚めた翌朝、私は『タイムズ』紙で「ロンドンのラーメン屋大盛況」という見出しを見つけました。その日の午後、気がつけば予定をすべてキャンセルしてロンドン行きの列車に揺られていました。お客さんはきっとみんな日本人のビジネスマンと観光客だろうと思ってラーメン屋の軒先に着くと、驚くことにイギリス人が列をなして並んでいるではありませんか。肝心の味は？　どんぶりの上にのっていたのは、ブロッコリーとチキン。メンマやチャーシューの姿はなく、本来ならばブラウンのスープの上に健気に浮き沈みしているはずのネギさえもない。驚きが憤りに変わったのは、スープを口にしたときでした。ぬるい。許せないぬるさです。「冗談じゃない、こんなものラーメンじゃあない」。

私はケンブリッジに帰る夜汽車に揺られながら、仙台の仲間たちの顔を思い出していました。私がケンブリッジでつくって食べてもらえなかったラーメンと、ロンドンでイギリス人に好まれているラーメン、私が仙台で創ろうとしているシェイクスピアと、イギリスで上演されるシェイクスピアがどこかでつながっているように思われたからです。ラーメンを食べるイギリス人、シェイクスピアを食べる日本人……。

そして、「そうだ、お前は日本の、それも東北の人間である。そして東北の風土と言葉の中で育ってきた。ロンドンにはロンドンのためのラーメンがあるように、東北の観客のための、東北の役者による、東北の言葉のシェイクスピアをつくるべきじゃないか」とつぶやいていました。

そもそもシェイクスピアは、学者のものでも上流階級のものでもなくて、みんなのものだったはずです。シェイクスピアは、いつの間にかまつり上げられて近づきがたいものになってしまいました。それは、日本だけの現象ではなくて、多かれ少なかれ、本場のイギリスでも同じであるという印象を、私は持っています。

でも、イギリス人はそもそも演劇が好きなのです。綿々と続いている演劇の伝統があります。そして、ロンドンにあるたくさんの古い劇場が、そしてイギリス中の町々にある劇場の多さが、その伝統を物語っています。さらに、役者の伝統があります。テレビドラマに出演する役者は例外なく、舞台で演じるための訓練を受けています。いわゆるタレントやアイドル歌手が、にわかづくりの演技で人寄せパンダの役割をすることはありません。要するに、それは役者の仕事がとても大切にされているということだと思います。

役者を育てているのは誰でしょうか？　劇評家？　いや、観客でしょう。劇評家の言葉は、何千何百という観客の感じたことの最大公約数に過ぎませんし、そうでなければいけませんから。結局、観客の目が、イギリスのお芝居を育て、お芝居のレベルを高くしているのです。観客がいいから劇評家もいい。だから役者もいい。そのわけは、彼らがシェイクスピアを生んだ国民だからです、というと少し乱暴かもしれませんが、そんなに的が外れているとも思えません。イギリスのように、役者を育て東北の観客を増やすためには、言葉が重要だと考えていました。

せりふのリアリティ

ケンブリッジから帰ると、私は、今までに翻訳されてきた日本のシェイクスピアを改めて読みはじめました。シェイクスピアの命は言葉です。ですから、「聞くシェイクスピア」が、イギリスの伝統です。それは、せりふが詩で、その詩をどう観客に伝えるかということが、役者にとってとても重要であるということです。目に見える視覚的な要素は、もちろん大切ですが、それ以前にまず音と意味を持つ言葉ありきなのです。

日本のシェイクスピア翻訳の歴史を概観すれば、明治時代に活躍した小説家・翻訳家である坪内逍遥《つぼうちしょうよう》の全訳がその出発点にあります。続いて坪内の後継者とも言える木下順二、あるいは福田恆存《ふくだつねあり》。そして、一九七〇年代になって小田島雄志《おだしまゆうし》が登場して、軽妙なしゃれが日本語として生かされているということから小田島訳は人気を得ます。いずれの翻訳者も原文に向きあって、シェイクスピアの言葉の持つエネルギーや美しさにこだわりながら、せりふとしての日本語を創ることになみなみならぬ時間と才能をそそいでいます。

しかし、標準語には翻訳劇を受け入れてきた歴史がありますが、方言にはその歴史がまったくないということに気がついたとき、私は愕然《がくぜん》としたのを覚えています。もちろん、明治維新で日本が近代国家になるために標準語を創った経緯を考えれば、誰にでもわかる言葉の存在が大切であることは理解できます。日本中の人たちが、たとえ話せなくても聞いてわかる言葉が標準語だとすれば、方言は日本の一部の地域の人たちが話せて聞ける言葉です。標準語を聞く人の数は、方言を聞ける人の数とは比較にならないほど多い。ということは、たくさん観客を呼ぶ必要がある劇団は標準語でお芝居をするようになり、経営を困難にする方言のお芝居はおのずとすたれていきます。それならば、経営を考えないで、標準語よりも方言を話すほうがはるかに楽でうれしい役者と、方言ならば話せるし聞ける観客のための、お芝居を創ってみようじゃないか?

そういう思いを、「シェイクスピア・カンパニー」の仲間たちに話してみました。そうすると、「なんだかおもしろそうだ。じゃあ、東北弁でシェイクスピアをやってみよう」ということになったのです。作品は『ロミオとジュリエット』。それは私の考えというよりは、仲間たちが「シェイクスピアなんて知らないという人たちも、ロミオとジュリエットの話ならば、見たいと思うかもしれない」と言ってくれたからです。

このやりとりからもわかるように、私たちがシェイクスピアのスペシャリストの集団ではなくて、シェイクスピアだけでなくお芝居のずぶの素人だったことが、実は劇団が長く続いてきている秘密の一つだと思います。私たちは決してマニアックな舞台を創ることはなかったからです。

『ロミオとジュリエット』は有名だからやりやすく、有名だからやりにくくもあると承知のうえで、私たちは動きはじめました。初演日は一年と十ヵ月後の一九九五年八月に決まりました。「標準語と東北弁の両方が話せるバイリンガルの役者求む」。「シェイクスピア・カンパニー」の真骨頂は、劇団ができる前に、まるでドーナッツの形のように中心になる役者がいないまま、サポーターである観客がいたことだ、と書きましたが、いよいよその中心となる劇団のメンバーがつのられます。日本の劇団としてはかなり異質な募集条件に集まってきたのは十四名でした。その中で、芝居をして生活しているものはもちろんいません。三分の一は学生としてすでに舞台を経験してはいましたが、ほかは右も左もわからないまったくの素人でした。年齢は二十代から四十代後半。職業は学生・教師・主婦・肉屋・職人・社長秘書・課長・店員・眼科助手と多彩、出身地も宮城、福島、山形、岩手、秋田、青森と東北全県に及びました。
私たちは、私の試訳をもとにして稽古を始めました。例えば、あの有名な「おお、ロミオ、ロミオ、あなたはどうしてロミオなの？」というせりふは、こうなります。

「おお、ロミオ、ロミオ、あんだはなすてロミオなのっしゃ」

しかし、うまくいきませんでした。このせりふは仙台弁ですが、役者がためらいを見せたのです。彼らにとって方言は日常使う言葉で、それを舞台で使うのは恥ずかしいというのです。次々と疑問の声があがってきました。「『おお』、なんて言いますか？」「『ロミオ、ロミオ』って二度も言いますか？　普通は一度でしょう」「バルコニーで、こんな独り言を声に出して言いますか？」。どの問いもあえて口には出さないけれども、心に片隅に浮かぶ疑問だと、私は思いました。
翻訳独特の言葉を受け入れてきた標準語は、文化の違いから生まれる違和感を問題にすることはなかったのではないでしょうか。むしろ、標準語は、外国語との違いに新鮮ささえ感じながら日本語の中に取り入れてきたように思われます。ある意味で、人工的に創り上げられた標準語だったからこそ、翻訳は生まれて育てられた。しかし、天然の方言にとって、外国語の発想をそのまま組み込むことは、異質物の混入のような感覚を免れなかったのだと思います。横のものを縦にすればいいものではないということを、しみじみと感じさせられながら、私たちは試訳をもとにした稽古を積み重ねていきました。

お金

いよいよ公演が近づいたとき、私たちの前に立ちはだかったのはお金の問題でした。アマチュア劇団では、みんながお金を出し合って創ることが多いようです。しかし、私は、できるだけ劇団員に負担をかけないで創らないと、一回はやれるけれども次がない、続かないと意味がないと考えていました。ですから、私も含めて劇団員が払っていた一ヵ月の会費は一五〇〇円。学生は一〇〇〇円。そしてそれは、単純に稽古場に使っていた市民センターの会場費にあてられました。月々の会費以外公演費用は一切徴収されないことを、オーディションのときに伝えられていたメンバーの多くは、「ほんとに公演できるのか?」と思ったはずです。

私はお金を集めなければなりませんでした。宝くじを買うことにも、企業のスポンサーを見つけることにも疲れはじめていたとき、ようやく助成金という経験者ならばとうの昔に思いついたはずの道に気づき、文書を書くことが得意であると手を挙げてくれたメンバーを集めて〈公演資金調達グループ〉を結成しました。そこで、あらゆる助成金の可能性を調査検討しはじめたのです。「カンパニー」の運命は、このグループの頭と筆にかかっていたと言っても過言ではありません。とりわけ、まったく無名の私たちに目をとめてもらえるか否かは、宣伝文句ひとつにかかっていると思われたからです。そして、ついに一球入魂の文句が生み出されたのです。

「一世紀に及ぶ日本の近代演劇の歴史を変える画期的な舞台〈東北弁のシェイクスピア〉一九九五年夏仙台に登場」

この惹句は、まず「東北インテリジェント・コスモス構想」の目にとまり助成金を獲得。無一文の私たちは、ひそかに胸を張りました。そして間もなく、文化庁が一度も芝居をしたことのない私たちの助成を決め、宮城県、仙台市も続き、瞬く間に目標の金額が「カンパニー」の空っぽの金庫にそろったのです。

資金調達グループは鼻高々で、公演実施に半信半疑だった大半の劇団員たちも、土壇場に嘘のように集まったお金を見て、初めて「シェイクスピア・カンパニー」を信用したのではないかと思います。この資金で、劇団に必要なものはすべて整えられました。

公演までの長すぎる時間

お金の問題以外に大きかったのは、初公演までのおよそ二年を一体どうするか、ということでした。公演までそんなに長く稽古に時間を費やすのかと、辞めていった人もいました。そこで、私たちは〈オープン・リハーサル〉という形をとって、創っていく過程を一般市民に公開することにしたのです。「稽古を公開する」という方法は、早く舞台に立ちたいという役者たちの思いを少しばかり満たし、どこの馬の骨とも知れない劇団の名前を市民の方々に認知してもらうという意味で、苦肉の策でした。

ゼロからお芝居を創りあげていく過程をガラス張りにして見せることには諸刃《もろは》の剣《つるぎ》です。たまたま見に来て興味を持って仲間になってくれる、というのは大きなメリットです。最大のデメリットは、ただでさえ自信のない私たちがじかに批判を浴びることです。あるとき、読み合わせに立ちあっていた三人の女性に「カールおじさんみたいなロミオになるんでしょう」と笑われました。

「カールおじさん」とはスナック菓子のキャラクターで、麦わら帽子をかぶって野良仕事をする姿のおじさんです。否定的なコメントを耳にするたびに、私たちは東北弁に対する世の中のイメージは、「あか抜けた」「粋」「おしゃれ」「かっこいい」「都会的」といった形容詞の反対側にあることを、改めてはっきりと知らされていきます。私たちは、奇をてらって、〈東北弁のシェイクスピア〉を始めたわけではなく、まったく大真面目でしたから、人の前で表現することの怖さをしみじみ感じました。

しかし、三人の女性の言葉は、私たちに世にも美しいポスターを創らせることになります。『ロミオとジュリエット』から浮かぶイメージは、「若さ」「初々しさ」「恋、それも熱烈な」「美男美女」「純粋な愛」「せつなさ」。このイメージを最大限に活かして東北弁にある負のイメージをひっくり返そうと、私たちは考えるようになったからです。

素人だらけの私たちにあったのは、エネルギーと夢だけでした。そして舞台への不安は無限。ですから、せめてポスターに賭けよう！　と決心するのです。結局、日本でも屈指のデザイナーに白羽の矢を立てて、三顧の礼を尽くして快諾を得ます。デザイナーは私たちの思いに賛同してくださって「僕の好きなようにやらせていただければ、デザイン料はいりません」と言ってくれました。

そうして登場したのが、誰をもうっとりとさせるポスターでした。劇団員は街中に飛び散って、市民センター、大学、高校、専門学校、レストラン、ラーメン屋、喫茶店、ブティック、八百屋、魚屋、肉屋などに貼ってもらえるようにお願いします。素敵なポスターでしたから、頼まれた人たちは誰もが喜んで貼ってくれたようです。

　こんな『ロミオとジュリエット』になりたい！　という願いをもって、私たちは稽古場に貼られたポスターを、まるで星を見上げるように見ながら、稽古にのぞんだものです。

いよいよ旗揚げ公演

　私たちは、よろよろと、なんとも頼りなげにではありますが、歩き出しました。ありがたかったことは、〈オープン・リハーサル〉が功を奏して、新聞・テレビ・ラジオに毎月のように取り上げられたことです。マスコミの方々の私たちへの取材を見ると、どうやら彼らに印象的だったのは東北弁とシェイクスピアの組み合わせのように思われました。シェイクスピアの香り高さと東北弁の土臭さの結合が生み出すアンバランスの魅力とでも言ったらよいのでしょうか。それは、ロミオのせりふにあるオクシモロン（撞着語法《どうちゃくごほう》）という、矛盾する言葉をつなげる修辞法《レトリック》がもたらす効果に近いものがあるかもしれません。「鉛のような羽、明るい煙、冷たい火、病んだ健康（"feather of lead, bright smoke, cold fire, sick health"）」。
　原作のタイトルは"The most excellent and lamentable tragedy of Romeo and Juliet（最もすぐれた、そして最も悲しいロミオとジュリエットの悲劇）"ですから、シェイクスピアは『ロミオとジュリエット』を悲劇として書いたということです。恋人たちの運命は恋が始まったその瞬間から死に向かっているということを、私たちは劇冒頭の言葉によって知らされます。二つの名門の家の古くからの確執が、その家の子供たちの恋も命をも奪ってしまう。そして、二人の死の悲しみが両家に和解を生んで、憎しみは二人のなきがらとともに墓に埋められる。

こうして大筋を書くと、紛れもない悲劇なのですが、この物語には明るさがあります。全編に貫かれている死の運命の糸を忘れさせる明るさです。それは、一体どこから来るのかと言いますと、ロミオとジュリエットの若さと二人の恋のひたむきさです。そして、おそらくなによりも、ロミオとジュリエットを取り囲む登場人物たちのひとりひとりが、生き生きと描かれているからです。この人物たちの輝きが、私たちに生のヴァイタリティを感じさせ、生はなにがあっても喜びであると思わせるのです。「シェイクスピア・カンパニー」は、その生の輝きを、私たちの一生懸命さと生きた言葉で表現してみたいと思ったのです。

旗揚げ公演は、福島県岩瀬郡天栄村にあるイギリスのマナーハウスで行われました。その名は「ブリティッシュヒルズ」。東北の山奥にイギリスの貴族の館が敷地ごと移転してきたような驚くべきところです。私たちの舞台はマナーハウスに隣接するダイニングルーム。「ブリティッシュヒルズ」のおかげで、東京と仙台から二〇〇人を超える観客が集められ、私たちはNHK全国放送のニュース番組とBS放送のクルーによる密着取材に迎えられました。

優雅なディナーを終えた観客は、ワインを傾けながら幕開けを待っています。なんといっても初舞台ですから、楽屋裏の私たちの緊張と興奮は頂点に達していました。いよいよ幕が開く。そのとき私のそばにいたスタッフの方が笑顔で「下館さん、いよいよ、『カンパニー』が世に出ますね！」と言ってくださったことは、今も忘れません。

この旗揚げ公演のとき、観客はどのシーンでどんな反応を示したのか、残念ながら私は観察していませんでした。舞台に向かい舞台から戻ってくる役者たちを見守り、励ますことにすべてのエネルギーを注いでいたからです。ある役者の出番はとても短かったのですが、出て戻ってくると「緊張してなにをやってきたのか、さっぱり覚えていません」と言っていましたが、実は私も含めてほとんどの仲間がそんな風だったかもしれません。

「ブリティッシュヒルズ」での公演は、「カンパニー」にとって大きな経験となりました。観客層は大きく二つに分かれていたと思います。ひとつは、仙台から「カンパニー」の産声を聞きに来てくれた身内群、もうひとつは日本全国から「ブリティッシュヒルズ」に興味を持って来たけれども、そこで風変わりなお芝居をやるそうだから見てみようという群。ですから、役者たちは、暖流と寒流の両方を感じながら初舞台を踏んでいたにちがいないのです。

福島公演を終えると、演出・演技・脚本すべてにわたって見直しが行われて、鳴り物入りで仙台に乗り込むことになります。定員二〇〇人足らずの小さな劇場は、三〇〇人を越える観客

第１回公演『ロミオとジュリエット』（1995 年）

でびっしりでした。前半は爆笑に包まれ、ロミオとジュリエットの心中のシーンでは、会場のあちらこちらから涙で鼻をすする音が聞かれました。二日間三公演で九〇〇人に及ぶ観客数でしたが、驚いたのは数よりも観客層の多彩さでした。おじいちゃん、おばあちゃん、おじさん、おばさん、おにいさん、おねえさん、子供たち……そしてアンケートからわかったのは、東北のみならず東京、大阪、九州からもお客さんが来ていたということです。そのことは、観客にまぎれて立ち見をしていた私には、なんとなくわかりました。役者が東北弁を話すと、あるエリアの人たちがドッと笑うけれども、あるエリアの人たちはその笑いにとまどっているようだったからです。それはちょうど、私が初めてのイギリス留学でシェイクスピアの舞台を見たときに、笑い出す観客に「なにがおかしいんだろう」と居心地の悪さを感じたのに似ていました。

回収されたアンケートは五〇〇枚以上に及びましたが、寄せられたたくさんの感想には次のようなものがありました。

「遠いシェイクスピアが身近になった」。「言葉ってすごい。心にずしんときた」。……その中でも、私の心に突き刺さったのは「とてもおもしろかった。でも舞台はイタリアのヴェローナなのに、なぜ東北弁なのですか？」という問いでした。この問いは、私がロンドンでチェーホフの『桜の園』を見ていたときの「登場人物がみんなロシアの服を着てロシア人なのに、なぜ英語を話しているんだろう?」と同質ものだと思いました。

そして、この問いこそが、私たちに新しいシェイクスピアの扉を開かせる鍵になります。新しい扉とはなにか? それは翻案への扉です。それでは、シェイクスピアの翻案とはなにか? 私の言葉で言えば、「十六世紀イギリス人のシェイクスピアに、二十世紀の日本の東北に来ていただいて、東北に暮らす私たちのために、作品を書き直してもらう」ことです。

私たちのデビュー作となった『ロミオとジュリエット』は、私たちが想像していなかった反響を呼んで新聞、雑誌、テレビ、ラジオから多くの取材を受けました。それによって、まったく自信のなかった私たちに「期待を裏切るような舞台は創れない」という思いが育まれたような気がします。そして「シェイクスピア・カンパニー」の旗揚げ公演の舞台に立った役者たちひとりひとりの個性が、その後の「カンパニー」の礎になっていきます。

世界中の演出家たちとの時間

私たちは、お芝居をすることで米を買ったり家賃を払ったり衣服を買ったりはしていません。右足を本職に置いて日常生活をし、左足をお芝居に置いているお芝居の素人です。その素人たちが二年近く、自分たちの仕事以外の時間の多くをお芝居に注いできたわけですから、劇団員はみんないっときお芝居のことを忘れたほうがいい、と私は思いました。ですから、『ロミオとジュリエット』が終わると完全休業にしました。

次の作品が待たれていましたが、私はそもそもさほどない力を使いつくした感じがあって、このままでは前に進めないという不安をいだいていました。そんな折、「ブリティッシュ・カウンシル」からロンドンの国際演劇セミナーに参加することを勧められたのです。自分の中の空っぽの水瓶を満たしたいような気持ちで、イギリスに飛びました。それは刺激に満ちた二週間でした。ギリシャ、チリ、デンマーク、ドイツ、インドネシア、スリランカ……世界各地から集まった二十人近い演出家たちと朝から夕方までワークショップとディスカッションを行い、夜はロンドンで注目されているお芝居を見るのですが、それだけでは終わらないのです。その後は、お芝居の演出家と役者を囲んで語り合う時間が用意されているのですから、「ブリティッシュ・カウンシル」のすごさがわかります。そしてその後は、みんなでお芝居の印象について延々と自由に語り合うのです。

ここまで言うかというところまで批判しつくすと、一転して「創っている」者の立場に立った思いやりのある話になっていくことが多く、みんな多かれ少なかれ創りながら傷ついてきたのだなと想像してしまいました。その眼差しは新しいものを創っていこうとする情熱にあふれていました。

世界的に有名な演出家ピーター・ブルックとともに「ロイヤル・シェイクスピア・カンパニー」を世界の劇団に育てたひとりである、演出家シシリー・ベリーと再会したのもこのセミナーでした。あるとき、シェイクスピア役者にとっては常識になっている「せりふがすべてである」ということについて、議論になりました。シシリーにとって、「あたり前のこと」というのはありません。彼女は、どんなことも疑ってかかるのです、そこにいた演出家のほとんどは、英語圏に生活していない者ばかりでした。ですから、イスラエルの国立劇場の演出家の次の疑問は、あたり前だけれどもなかなか言い出せないものでした。「せりふが大事って言いますけど、英語ですよね。でも、私たちは英語で生活はしていない。だから、せりふがすべてっていうのは、正直どうもよくわからない」。彼はだいぶなまった英語でこう話してくれました。するとシシリーは静かに朗らかにこう答えました。「そうよ、あなたたちはあなたたちの言葉で自由にシェイクスピアをやればいいのよ。これがシェイクスピアだ、なんてないんだから」。

するとみんなは堰《せき》を切ったように次々と本音をしゃべりはじめました。「シェイクスピアは普遍的というけれど実はすごくイギリス的」「普遍的にしているのは、言葉よりも劇の骨格や思想」「惹かれるのは言葉の意味よりも音」「おもしろいのは、なんといっても登場人物」。私は、このときここにいてよかったと思いました。「そう、そう」と何度も心でつぶやきました。シェイクスピアはイギリス人だけのものじゃない、英語だけのものじゃない。自由に私たちのシェイクスピアを創っていけばいい、と私は思うようになりました。

自由なシェイクスピア

「シェイクスピア・カンパニー」公演の二作目は、『夏の夜の夢』に決定しました。一九九六年のことです。帰国してから原作を改めて読み直しました。言葉を忠実に再現するよりも言葉の持つエネルギーとイメージが観客に伝わるように、この魅力的なタイトルへの観客の期待に応えられるように、これは自分たちの物語だと身近に感じてもらえるように……。

『夏の夜の夢』は喜劇です。『ロミオとジュリエット』は悲劇。しかし、このふたつの作品は同時期に書かれていて、恋というテーマで背中合わせの関係になっています。『夏の夜の夢』は、五組の男女の恋と結婚の物語です。二組の若い恋人たちがアテネの森の中に迷い込み、紆余曲《うよきょく》折《せつ》を経て、それぞれ適切な場所を見つけてハッピーエンディング。と同時に結婚を目前にしながら、どうも雲行きの怪しかったアテネ公爵とそのフィアンセ、けんかが絶えなかった森の妖精の王と王妃も、恋人たちの結婚とともに和解するのです。

私は、アテネの森は人間の心の奥にある闇なのではないかと思います。シェイクスピアにとっての「森」は、彼の故郷のアーデンの森です。それでは、自分にとってこの「森」はどこなのだろうかと考えはじめました。そして、ひらめいたのです。自分にとっての「森」は「海」だと。私は塩釜港から定期船に乗って、子供のころよく海水浴に出かけた浦戸《うらと》諸島に向かいました。

原作に出てくる妖精について悩んでいました。芥子《けし》の種、茄子《なす》の種、蜘蛛の糸……妖精という言葉そのものが、私にとって現実的ではなかったからです。静かな海を見るとカキの養殖をしている棚が並んで、まるで畑のようです。太陽の光で波がキラキラ輝いている……そのとき、海の妖精は、ほかならぬ松島湾に住むカキやホヤやワカメやウニだ！　と思ったのです。妖精たちが波間で楽しそうに踊る姿、妖精の王は塩竈の街のシンボルのマグロ、そうしたら女王はクネクネして妖艶なタコだろう。作中で重要な役割を果たす妖精パックは、海の妖精じゃなくていい、むしろはぐれものがいい。そうだ、柳田國男《やなぎだくにお》の『遠野物語』のカッパだ！　すると、ほれ薬を探しに行くカッパが金華山《きんかさん》沖でシロナガスクジラにまたがって笑っている姿が見えました。原作ではロバに変わってしまう職人のボトムは魚屋にして、グロテスクだけれどユーモラスなアンコウに変わるのがいい。まるで、シェイクスピアが私たちに乗り移ったように、今、東北のこの湊の街でしか発想できないようなアイデアが浮かんできました。東北弁シェイクスピア『松島湾の夏の夜の夢』の誕生です。

島の公演

『松島湾の夏の夜の夢』の初演の場所は、宮城県塩竈市の松島湾に浮かぶ人口一〇〇人ほどの小さな島、野々島でした。地図をよく見ると、島の形は意外にもイギリスに似ています。私たちは一九九六年八月三十一日早朝六時に仙台を出発、塩釜港旅客ターミナルである「マリンゲート塩釜」から市営汽船で島に向かいました。湖のように穏やかな湾にはポカリポカリと松の小島が浮かび、船はそのあいだを縫うように進んでいきます。三十分もすると目的の島に到着。野外公演ですから、まず船着き場のそばを舞台と定めて、草むしりから始めました。

観客席の左手には海。その向こうには塩竈と松島の町がかすかに見えます。中央から右手にかけては、灰白色の凝灰岩《ぎょうかいがん》と見事な松の木が数本。リハーサルを終えると転がっていたドラム缶を借りて公演案内のポスターを貼る。すると、霧雨が降りはじめました。人気《ひとけ》のない港に一抹の不安を感じながら時計を見ると、開演十五分前でした。しかし観客はたった二人。スタッフの「五分後の最終便で来るでしょう」という言葉に「そうだね」と言いながら私の表情は暗い。汽笛が鳴る。胸がドキドキする。降りてきたのは十三人。そのうち私たちの観客はたったの五人。まさか……。一瞬クラクラすると同時に、私の体は劇団員と一緒に村に向かっていました。観客が少ないのを気遣ってか、地元のおばあちゃんが近づいてきて一言。「これがら食事の用意するどきだがら、こごらへんの人は来ねんでねえの。んでも、あそごのやぐらの上がらマイクでしゃべってみだらいいんでない」。

やぐらは、この島の人たちの大切な情報伝達の場所で、地震・津波・台風といった島の緊急時の情報、生協の売り出しの案内などをするところらしいのです。区長さんの許可をいただいて、よく声の通る役者が「え～みなさんこちらは、『シェイクスピア・カンパニー』という劇団でございます。ただいまから『松島湾の夏の夜の夢』というお芝居を上演いたします。入場無料です。どうぞお誘いあわせのうえお越しください」と案内をしました。私が「なにかもうひと押しないとダメかな……」とも言いたげな表情だったようで、彼が「じゃあ、ビール？」と白い歯を見せて微笑むので、「こうなったら、仕方ないね」とつぶやくと、「え～、先着三十名にビール付きでございます」と付け加えました。しかし、そう言ってしまった直後に、今夜みんなで飲もうと思っていたビールがなくなるなあ、と二人で落ち込んだのでした。

しかし、自己犠牲の効果は抜群で、五分もたたないうちにあちこちからみるみる人が集まってきました。ふと、遠く海上を見ると何艘ものボートが港に入ってくるではありませんか。一体なんだろう？　わざわざ船をチャーターして来てくれたお客さんたちです！　隣の桂島から渡し船で向かってきてくれたお客さんもいます！　私の頭の中で、勇壮な音楽が鳴り響いていました。観客席は七人からあっという間に五十人ほどに増えて、十分遅れで芝居が始まりました。

舞台に劇団特製の巨大なホヤの置物がすえられていましたが、この大自然の空気の中ではなんともちっぽけに見えました。カッパが登場してホヤの上で踊る。二十人ほどの役者が四方八方から勢いよく現れて、チャッコ踊りを始める。「チャッコ、チャーッコチャッコ、チャッコ、チャーコャッコ」という歌声が港に響きます。私は最後部席に立っていましたが、気がつくと私の後ろにさらに五十人近い島の人たちが立っていました。客入りばかりを気にしていた私の関心は、芝居への反応に向かいました。私は、この島の人たちに「笑ってもらいたい」と思うところで笑ってもらわなければ、私たちの試みは失敗であると考えていました。なぜなら、この私たちの『夏の夜の夢』の舞台は、まさにこの野々島だったからです。「シェイクスピア・カンパニー」の未来は、この一戦にかかっていたのです。

芝居が始まって十分。目の前に座っていたおじいちゃんが急に席を離れて消えました。「おもしろくないんだ……」と気落ちしている暇もなく、おじいちゃんはおばあちゃんを三輪自転車の後ろに乗せてまた来てくれたのです。このとき私は、この芝居の成功を確信しました。まるでぬいぐるみショーかと思われる衣装をつけた妖精たちが登場すると、前列に席を占めたおばちゃんのグループがどっと笑い、その笑いは客席全体にザワーッと広がっていきました。

第２回公演『松島湾の夏の夜の夢』（1996 年）

そこにいた複数のおばちゃんたちの特徴は、まったく遠慮なく思ったことを口にし、役者に声をかけることにありました。

「あれはウニでない。この辺では採れないっちゃねえ。あれはなんだべ。アワビがや？　つがう(違う)カキだでば。あんだ、わがめだすぺ、めんこいごだー！(ワカメでしょ、かわいいー！)」。

おじいちゃんとおばあちゃんと一緒に七、八人の小学生がいましたが、彼らはカッパが登場すると、友だちと顔を寄せあって喜んでいました。楽屋などと気のきいたものはありませんから、役者が目の前から消えれば退場なわけです。ですから、消えた役者が袖に置かれたドラム缶の横で次の出番を待っていたり、衣装を替えたりするのが客席から丸見えです。カッパが退場すると、友だちどうしと思われる数人の小学生が立ちあがって、袖で待機するカッパのところに走りました。すると、カッパを囲んで、とまどう役者をよそに、ある子は皿を、ある子は甲羅をいじって笑っていました。いよいよ魚屋のボトムがアンコウに変身するシーンがやってくると、観客席はもう笑いの渦でした。私は、「ここで、こんな風に笑ってほしかったんだ」とうれしくてうれしくて、目から涙があふれるのをとめることができませんでした。

本来は一〇〇分の芝居でしたが、お客さんと役者のやりとりの間が重なって、お芝居は二十分も延びました。ラストシーンになって、恋人たちにかけられた魔法がとけて、それぞれ手をとりあったときには、やんちゃな子供たちも、おしゃべりのおばちゃんたちも、おじいちゃんもおばあちゃんも、水を打ったように静まり返っていました。カーテンコールのときには、すでに松島の海は夜の闇におおわれていましたが、舞台両袖に置かれたかがり火が、夢のように輝いていました。芝居の始まりに降っていた霧雨が、まるで島の人たちの笑いに吹き飛ばされたように遠のいたのは、奇跡のように思われました。

芝居が終わっても、お客さんはその場を離れがたいようで、思い思いの役者の周りに集まっていました。役者たちにとって「いがった〜。おもせがった〜（おもしろかった）。まだ来てけさいん」と言われたことが、なによりのごほうびだったと思います。ビールをもらったお客さんたちは、「一緒に飲むべし（飲もう）」と言ってくださって劇団のスタッフに紙コップを所望して、そっちこっちで乾杯の声があがっていました。

塩竈市浦戸諸島の野々島で行われた『松島湾の夏の夜の夢』は、「シェイクスピア・カンパニー」の原点になりました。

偉大なるアマチュアリズム

『夏の夜の夢』の野々島公演の評判は瞬く間に仙台の街に届いて、前年を上回る一二〇〇人の観客を仙台公演に導いてくれました。野々島公演の模様がＮＨＫで全国放送されると、「カンパニー」には日本中のメディアからに取材が来るようになりました。あるラジオ番組に出演したときです。ベテランの物静かなアナウンサーの方から、「正直申しまして、一作で消える劇団かと思っておりました」と笑顔でさらりと言われて、刃物でぐさりと刺されたような気持ちがしたものでしたが、改めて〈東北弁のシェイクスピア〉に対する一般の方々の印象をじかに聞いたような気がしました。

しかし、そのアナウンサーの言葉は氷山の一角に過ぎず、劇団員ひとりひとりも批判を手のひらに握って稽古場に戻ってきました。「滑舌が悪い」「うまい役者もいるが、へたな役者もいてバランスが悪い」「方言が早すぎてわからない」「古典をそんなにいじくっていいの?」「すごく評判だけど一週間に一度しか稽古していないんでしょう?」。

私たちが、シェイクスピアの海に乗り出して四年が過ぎていましたが、私たちは自分たちが未熟であることがわかっていましたから、どの批判もまったくその通りに思われました。しかし、言葉ではなくて、新しい舞台で反論しようと、みんな考えていました。

ある新聞記者が、「カンパニー」の取材をした後にポツリと「演劇論みたいなことは、下館さんはじめ、どなたもなさらないんですね」と言っていたことがあります。それは今もって変わりませんから、どうしてなのだろうと不思議に思います。私の演劇の講義を受けて「カンパニー」に入って来た学生に、あるとき、「大学で話されているドラマトゥルギーや俳優論は、劇団ではなさらないんですか」と言われて、またハッとしました。そしてその学生にこう言いました。「固有名詞や抽象名詞を並べて語る話は大学の講義だけで十分と思っているのかもしれない。私の関心は、本当らしく見えること、身近であること。それに近づくためには、面倒くさい議論はまどろっこしいと思っているかも。難しい話をしていると、確かに頭がよさそうに思われて尊敬されるかもしれないけれど、知らず知らずのうちに難しい顔になってくる。私たちの求めているのはそんなところにはない。おもしろい、わかりやすい、できれば何気なく深い、そういうお芝居」。

劇団というのは、アートに向かう集団です。アートの前に人の集まりがあります。みんなお芝居以外に本業を持って、その本業をないがしろにしないで、小さなロケットの打ち上げにも似た公演のために、それぞれの時間を工面しています。私たちの場合は、毎週の日曜日と公演が近づくと土曜日や平日の夕方も稽古に費やされます。

稽古に膨大な時間を費やすのは、生活の糧を得るためではなく、気の利いた言い方をすれば、生活を豊かにするためです。なんだ、道楽かと言われれば、道楽です。仕事ならば力を抜けますが、人は不思議と道楽には力を抜きません。利益に無関係な趣味や道楽には、自分のすべてをかけます。

こんなことをなぜくどくど書いているかと言うと、「シェイクスピア・カンパニー」はプロですか？　アマですか？　とよく聞かれるからです。照明や音響、美術や写真のスタッフはプロの方にお願いしています。それ以外の集団は、芝居で生活していないという意味では、紛れもなくアマチュアです。しかし、入場料を払って芝居を見に来てくれるお客さんを楽しませるために、一年がかりで真剣に芝居づくりに取り組んでいるその姿勢は、プロ以外のなにものでもありません。

かつて日本の近代演劇のお父さんみたいな千田是也《せんだこれや》が、自分が率いる俳優座の精神を「偉大なるアマチュアリズム」と語っていたことがありました。ですから、私たちもアマチュアであることに甘えずに、誇りを持っていたいと思います。アートに天井はありません。役者修行に終わりはありません。プロであろうがアマであろうが天井がない天の下で「少しでもよりよくあろうとする」心を持ち努力し続けられる、いつも謙虚であり続けられる、そのことのほうが大切だと思います。アートは人を差別しないのです。

そしてこう思います。プロかアマかという問題よりも、つまらない芝居かおもしろい芝居か、死んでいる芝居か生きている芝居か、ということのほうがはるかに重要だと。つまり、プロの芝居だから必ずシェイクスピアがおもしろいとは限らないのです。

人から始まる

シェイクスピアは劇団の座付き作者でした。ということは、頭の中でだけで脚本を書いていたのではなくて、自分の目の前にいるひとりの人間あるいは人間の集まりの雰囲気を感じて、書いていたということです。実際に、シェイクスピアの周りにはリチャード・バベッジ（一五六七～一六一九）という名優やウィル・ケンプ（?～一六〇三）といった名コメディアンがいました。彼は、そういう役者たちの個性に強い影響を受けながら、登場人物を創造し、その役者たちの成長と一緒に自分の劇作術を磨いていったのです。私たちには、シェイクスピアが作品を創った順に上演することで、シェイクスピアのドラマの創り方の秘密が探れるかもしれない、という思いがありました。ですから、『夏の夜の夢』の後は、有名な『ハムレット』に飛びたい気持ちを押さえつつ『から騒ぎ』に向かったのです。

『から騒ぎ』は、題名の通りで、騒ぐほどのことではないことをおおげさに騒ぎ立てた芝居です。男女の恋の話に、嫉妬や悪だくみの要素が入って、喜劇にもかかわらず悲劇のトーンも漂っています。しかしこの芝居の魅力は、話の筋というよりも、登場人物にあります。

私は、青森県青森市の三内丸山遺跡を訪ねたときに、その土や木から立ちのぼる気のようなものを感じ、『から騒ぎ』の舞台を縄文時代にしようと決めました。しかし、脚本はなかなか前に進みませんでした。その原因のひとつは、道化役でもあるドグベリーという役にあう奇妙奇天烈な役者が劇団にいなかったからです。あるとき、フォトグラファーの妻が「今夜、とってもおもしろい豆腐屋さんが仙台に来るから一緒に会いましょう」と言うので、気分転換についていきました。妻から私が劇団をやっていることを聞いていたらしく、その豆腐屋さんは、出会いがしらに、「ところで、今度はどんなシェイクスピアやるの?」「『から騒ぎ』という芝居を、縄文時代風にやろうと思ってるんです」と私が言うか言わないうちに、身を乗り出してきたのです。そして「縄文って言ったら、おいらの町のシンボルだよ!」。かなり高い声で興奮して言う表情は、歴史の教科書で見ていた縄文の遮光器土偶そのものでした。その瞬間、ドグベリーが誕生し、滞っていた脚本が音を立てて流れだしたのです。

それから七ヵ月後の一九九七年八月、私たちは岩手県一関市藤沢町の陶芸センターの青空駐車場で、第三回公演『縄文のから騒ぎ』の野外公演の開幕を待っていました。実は、ドグベリー役はただの豆腐屋さんではなく町おこしの旗手で、講演のために全国を飛び回っている方でもあります。この日は、ありがたいことに、集客の心配はありませんでした。豆腐屋さんの呼び掛けで、二〇〇人近い観客が集まってくれたからです。初演の前はいつも胃がキリキリします。みなさんが、この耳にしたことのない、少し複雑なコメディを笑ってくれるだろうか? しかし、冒頭の「アザラシの髭《ひげ》」ことベネディクトのこのせりふで、観客からどっと笑い声があがりました。

「とうちゃんに似なくてほんとによかったよ。あんなでかい顔とでかい声そっくりの娘だったらたまんねえよね」。

私は、お客さんが方言に笑っているだけではなく、状況のおかしみと役者の語りの間に反応しているのがわかって、うれしかったのを覚えています。このせりふを言った役者は、「カンパニー」の処女作『ロミオとジュリエット』で主役のロミオを演じてくれましたが、『松島湾の夏の夜の夢』ではペンキ屋役でまさに端役。

普通の劇団であれば、次作でも主役級の役を与えられるはずです。しかし、前作の主役たちは脇にまわる。これが、実は、「シェイクスピア・カンパニー」の大きな特徴のひとつだと思います。もちろん、新作ごとにオーディションが行われますが、主役を続けないという不文律ができました。役は人を育てます。とりわけ、大きな役から役者が与えられる力は巨大です。私たちにとって、大切なのは、新鮮さを保つことと「カンパニー」という集団が生き生きとあり続けることでした。ですから、あえて入りたての経験の浅い新人たちを真ん中に据えたのです。「カンパニー」のお芝居の役者の演技が、いつも批判にさらされる原因のひとつは、この考え方のせいだと思います。しかし、この非常識なやり方のおかげで、新人が残って育ち、「カンパニー」が続いてきたとも言えます。ちなみに、それは東日本大震災まで続きました。

さて、駐車場での公演は無料でしたが、多くのお客さんはご祝儀を持ってきてくださいました。「みなさん必ずご祝儀を持って来ますから、手ぶらで帰さないようにしてください」という助言を受けていましたから、おつまみとビール、お茶を準備していました。

日中の野外劇では、お芝居の欠点がよく見えます。『松島湾の夏の夜の夢』は、午後遅くから夕方にかけて上演されましたが、『縄文のから騒ぎ』は昼間の上演です。最初は最後尾でビールを飲んでおしゃべりしていたおじさんや走り回っていた子供たちも、芝居が始まって十五分もたつと、静かになってお芝居に見入っていました。前半が冗漫でリズムが悪い……と気づかされながら、私は観客の周りを歩いていました。舞台と観客を見つめていると、役者と観客のあいだに電流のようなものがビリビリ流れるときと、そうでないときが手に取るようによくわかります。

稽古場ではわからなかった役者の間のよさも悪さも見えてきます。クライマックスになると、観客から声がかかります。「んだんだ、仲よぐしろよ〜」「えがった、えがった!」。都会の劇場では、絶対聞けない声です。芝居は大きな拍手に包まれて幕を閉じました。

芝居を終えて後片づけを済ますと、町の人たちがバーベキューパーティーを開いて私たちを慰労してくれました。夜空を見上げると、満天の星が輝いていました。顔を赤くしたおじさんが、しんみりとしている私たちのところに近づいてきて「えがった、ほんとにえがったよ。おもしろくねげれば、みなこんなに残ってねんだから。そそぐさど、うぢさ帰ってるべ（すぐに家に帰ってしまったよ）」と言って大きく笑いました。

芝居の翌日、豆腐屋さんは郵便局で『から騒ぎ』を見てくれたおばあちゃんに会ったそうです。おばあちゃんは、ニコニコしながら「ま〜ず、おもせがったごだ（おもしろかった）。ほんとぬ、笑った笑った」と言うと、「ところで、あれはだれが書いだのっしゃ？」と興味深げにたずねてきたそうです。豆腐屋さんが「シェイクスピアだよ」と言うと、おばあちゃんは、いぶかしげに「だれっしゃ、そのお方？」。

私はこの話を聞いて、しみじみと、シェイクスピアだからおもしろいのではなくて、見ておもしろいと思ったらシェイクスピアだった、というのがいいのだと思いました。

『縄文のから騒ぎ』は「エル・パーク仙台」スタジオホールで公演したあと、なんと三内丸山遺跡での公演を実現することができました。

声と多様性と伝統と

一九九八年、第四回目の公演『十二夜』の構想に入ったばかりのころ、「ブリティッシュ・

カウンシル」から、シシリー・ベリーを中心としたセミナーが、ストラトフォード・アポン・エイヴォンで開催されるという情報が入りました。私は、作品を創り終えるたびに、自分の中にあるものを一滴残らず使い果たしている感覚を持っていました。同時に、頭の中は誰にも答えてもらえない問いだらけでした。ですから、私にとっては千載一遇のチャンスだったのです。

セミナーに参加したメンバーの国籍はアメリカ、ニュージーランド、オーストラリア、イスラエル、スペイン、アイルランド、インド、オーストリア、オランダ、南アフリカそして日本。これほど世界中から集められるのは、「ブリティッシュ・カウンシル」の、シシリーの、そして言わずもがなシェイクスピアの力です。セミナーのテーマは「声」でしたから、私以外の参加メンバーの職業は劇団のヴォイス・コーチつまり「声の指導者」でした。そして初めて経験したのが、「RSC」の役者たちとのワークショップ。私は、誰ものぞいたことのない秘密の部屋の中にいる恍惚《こうこつ》を味わいながら、この興奮をそっくりそのまま持ち帰っていける仲間たちが日本にいることの幸福を感じていました。

あるとき、演出家や役者に方言学者や音韻論者学者《おんいんろん》が加わって、「今のイギリスの舞台の言葉」についての話し合いがもたれました。イギリスの舞台の言葉は、多彩です。北アイルランド、スコットランド、ウェールズ、バーミンガム、リヴァプール、ロンドンの下町……といった様々な地域のアクセント（なまり）を尊重しようとするところにあります。そして、そのことはB

BCやITVのニュース番組に登場するアナウンサーの言葉に如実に反映されています。六十代後半のあるベテランの役者がこう言いました。
「私が役者として仕事を始めた一九五〇年代後半は、まだ標準英語を重視する時代でしたから、舞台のシェイクスピア英語はポッシュ（上品）でエレガントであることを求められていました。私は、今はこんな風にお上品に（笑）お話しできますが、もともとは、こんな風に（なまってみせて）ヨークシャーなまりですからね。とても残念でしたけれど、一人前の役者として舞台に立つためには、故郷のなまりを言葉からそぎ落とさなければなりませんでした。とても悲しいことです。だから今の若い人たちがうらやましい」。

イギリスに滞在中、私にはミッションがありました。それは、『十二夜』の翻案構想です。と言っても、そのヒントは原文とイギリスの舞台にしかありません。ですから、私は休みを見つけては、「RSC」のアーカイブで『十二夜』の上演記録を読んでいました。ある週末に、ロンドンの「ヤング・ヴィク」という素敵な劇場で行われた『十二夜』公演と討論会に参加しました。私の課題はひとつ。『十二夜』の登場人物、マルヴォリオという、いじめにあう執事のことでした。私は討論会で率直にこんな感想を述べました。「みなさんは、黄色い靴下と十字の靴下留めの衣装のマルヴォリオの登場を笑われたけれども、日本人の私にはさっぱりおかしくないんです。一体どこがおかしいのでしょうか？」

シェイクスピアの時代の衣装の色はいつも象徴的な意味を持っていて、黄色は「恋狂い」を表していました。しかし、私にはそのことに、今のイギリス人は共感できるのか、という疑問があったのです。私の感想は素朴すぎたようで、参加者のあいだから笑いが起きました。すると、私の目の前に座っていたご婦人が私にこう説明してくれました。もちろん大声で。「私たちもなぜ笑うのか実のところわからないのだけれども、ともかくここでは笑うことになっているのよね」。みんな、大きくうなずいていましたが、このとき私は「そうか、これは伝統なんだ」と妙に納得し、「だが、日本人にはその伝統はない」と思いました。このとき、目からウロコが落ちたのです。帰国してすぐ私は、マルヴォリオ役の役者と話し合いながら、「さほどおかしくもないんだが、なぜかおかしい日本のマルヴォリオ像」を模索しはじめました。その結果、東北弁丸だしの、ドジョウすくいの格好で登場する東北マルヴォリオが誕生することになったのです。

名女優からの手紙

『十二夜』は、喜劇の常套手段が駆使された円熟の喜劇です。そして、夏の夜空にこれでもか

これでもかと打ち上げられた花火が、段々小さくなってもう終わりかと思われた瞬間、私たちの寂しい気持ちを一気に裏切るように大きく華やかな大輪の花火がドーンと開く、そのときに私たちの心に広がるせつなさに似た印象が、この喜劇にはあります。

『十二夜』は、航海の途中難破し別れ別れになった双子の兄と妹が、それぞれ舞台となるイリリアに漂着し、紆余曲折を経て、再会するまでの物語です。その物語をどんな風に料理したらよいか？　ヒントは、この作品が書かれた一六〇〇年にありました。それは、まさにオランダの探検船リーフデ号が暴風雨にあって、からくも豊後《ぶんご》（大分県）の臼杵《うすき》湾《わん》に漂着した年です。その船に乗っていたのがイギリス人ウィリアム・アダムス（三浦按針《みうらあんじん》）です。徳川家康は、このアダムスを外交顧問のひとりとして重用することで、イギリスと日本の通商が始まりました。シェイクスピアの劇団を支えていたエリザベス一世が派遣したイギリス人。その彼がたまたまたどり着いた日本。

この歴史のエピソードが、私たちの想像力をかきたてないはずはありません。そのころの仙台はどうだったろう？　仙台藩は仙台城の築城でにぎわっていました。そして一方、藩内にはキリシタンとのつながりの濃い人たちが大勢いました。仙台藩の黎明期《れいめいき》とキリシタン……この二つの鍵が、『仙台藩の十二夜』の箱を開けてくれることになります。

公演は、宮城県大崎市にある、江戸時代の伊達家の学問所だった「有備館」の駐車場を皮切りに、宮城県柴田郡大河原町の「えずこホール」、仙台市の「エルパーク仙台」の三ヵ所で行われました。仙台公演では、前売り券は発売と同時に売り切れて、毎公演キャンセル待ちのチケットを求めて、お客さんが長蛇の列をつくる盛況ぶりでした。注目のマルヴォリオは、大成功でした。

『仙台藩の十二夜』公演中のある日、女優の長岡輝子さんから電話が入りました。初めてお話ししたにもかかわらず、私が受話器をとると本当に気さくに「どうしてもっと早く知らせてくれなかったの。とっても行きたかったけど、前から予定が入っていて行けないのよ。だから江守徹さんに頼んだらちょうど東京を離れていて行けないと言うから、木村光一さん（文学座演出家）にお願いしたわ」と話されました。劇団員の話によれば、私は直立不動の姿勢で顔を紅潮させながら話していたらしく、みんな何事かと思ったそうです。それから十日後、私は長岡さんから丁寧なお手紙を頂戴しました。手紙の最後に書かれた「私はもう九十歳ですから、若い貴方たちがどんどん日本の演劇を盛り上げてくださると思うと、安心して死ねます」という言葉に、私は泣きたいような気持ちになりました。不思議なご縁で、私はその後たまたま来仙された長岡さんと会食する幸運を得ました。その縦横無尽の豊かなお話の中でも最も心に残ったのは、「外国の暮らしの長かった私の姪が小さかったころにね、私たちの翻訳劇を見て、『驚いちゃった。みんな日本語でお話しするのだもの』って言ったのよ」というエピソードでした。

舞台装置も俳優の衣装もメイクもしぐさも、まるで外国そのものでありながら言葉は日本語ということに、幼い姪っ子さんは素直に不自然さを感じたのです。そのときの長岡さんの「翻訳劇って変よ」という言葉は、七十年ものあいだ新劇に身を置いてこられて、日本の演劇史そのものを歩んでこられた長岡さんのものだけに、千鈞の重みがありました。

第二幕　エディンバラへ

東北の魔女は誰だろう？

私たちの上演作品は、劇団を発足させたときに決まっていました。その基本コンセプトは、「喜劇からロマンス劇へと創作年代順にとりあえず十四作」。十四作とは、私がなめるように原文を読んだものということです。それしか読んでいないの？　と聞かれれば、はい、と残念ながら答えるしかありません。カタツムリの読みでしたから、全作品をそのペースで読んでいけばそれで人生が終わってしまいます。

『ロミオとジュリエット』、『夏の夜の夢』、『から騒ぎ』、『十二夜』と上演を重ねてきて思ったのは、劇場建設を実現するには、日本を飛びだして海を越えて世界に向かわなければならない、その場としては「エディンバラ・フェスティバル」が最適ということでした。「エディンバラに行こう！『エディンバラ・フェスティバル』に参加しよう！」と私は言い出しました。「エディンバラ・フェスティバル」とは、イギリスのスコットランドの首都で毎夏開かれている世界最大の芸能祭です。その祭りには、招待公演の「インターナショナル」と参加自由自費公演の「フリンジ」の二つがあります。前者よりも後者のフリンジのほうが、はるかに活気があって、世界デビューの登竜門と言われています。ちなみに「ミスター・ビーン」で知られるローワン・アトキンソンが頭角を現したのもこのフリンジです。

次回上演作は、順番から言えば『お気に召すまま』でしたが、直感的に悲劇がいいと思いました。すると『ハムレット』です。しかし、私は『ハムレット』を読みながら不安を持ったのです。今の私たちにこの悲劇を翻案して上演する体力があるのだろうか？　そして、答えは「否」でした。それならば、『マクベス』しかない。『マクベス』の筋は単純明快でかつ短く、シェイクスピアの悲劇観が直截的に凝縮されていますから、これから悲劇を上演していくのによい勉強になります。そしてなにより、エディンバラはスコットランドの首都。『マクベス』の舞台もスコットランドですから、もしかして字幕なしでエディンバラでも芝居ができるかもしれない、と考えたのです。

立ち上げからそれまで、脚本はひとりで考え書いてきました。しかし、エディンバラ公演を目標に掲げて動き出そうとしたとき、私は、不安を感じていました。私はパートナーを模索しました。そして、丸山修身さんに白羽の矢を立てたのです。丸山さんは、以前岩波映画製作所の助監督をなさっていました。ある日、思い定めて丸山さんに力を貸してほしいとお願いすると、喜んで引き受けてくれました。そして、私は丸山さんとタッグを組んでエディンバラ・マクベスの構想に向かうことになったのです。最初の構想の場は、宮城県鳴子温泉郷の鬼首温泉でした。

「『マクベス』の登場人物で、最もシェイクスピア的なものってなんでしょうか？」

「魔女でしょう。魔女のいないマクベスだったら、ただの殺人事件だ。魔女の言葉をなぜマクベスは信じたか？　魔女のことばが隣にいたバンクォーにも聞こえたのがおもしろい。しかし、マクベスは信じ、バンクォーは信じない。マクベスには独白が多いけど、これ一体なんなの？　観客に自分の思いを共有する感じ？　じゃあ、お母さんにその日あったことなんでもしゃべる小学生みたいだね」。

丸山さんと私は、ポイントをいくつか定めて、ともかく語り合います。それぞれすでに考えを持っていてそれを述べながら進むこともありますが、基本は具体的にこのシーンはこうしようというのではなく、まず私たちが〈ラフドラフト〉と呼ぶものを、話し言葉でつむいでいくのです。

魔女をなにに変えるかで、私たちは迷路に迷い込み、気分を変えるため温泉に入ることにしました。雪に囲まれた露天風呂です。湯船に身を沈めていると、私は父との恐山への旅を思い出していました。

父は、青森県の八戸市生まれですが、ひとり家を離れてサラリーマンとなって仙台で暮らし、いわゆる脱サラをして「海産物屋のおやじ」(と言われるのが好きでした)になったのです。中学生のとき、その父が私を下北半島の恐山に連れて行ってくれたのです。道すがらかわいがってもらったというおばさんの話をしてくれ、話をしながら父は感極まっていました。私は湯けむりの中で、恐山に行った父と魔女にたまたま会ったマクベスが重なりました。「丸山さん、イタコですよ。イタコだ!」。「イタコ。そりゃ、ぴったりだ!」。私と丸山さんは、作品からもう一度マクベスと魔女のつながりを確認しました。そして、「マクベスの中には、すでに野心が眠っていた。内なる声が魔女の外なる声に呼び起こされた。マクベスと魔女の運命的なめぐりあい」という、私たちの『マクベス』の土台を創ったのです。

翻訳という仕事

『マクベス』の翻案と脚本の仕事場には、森鷗外、坪内逍遥、木下順二、福田恆存、三神勲、小田島雄志、松岡和子による七本の翻訳書と方言に関する資料が並べられました。脚本執筆の基本姿勢はできる限り原文に忠実であることでしたが、構想の段階でスコットランドを東北の蝦夷地に、イギリスを中央貴族に、魔女をイタコに置き換えたために、原文にない表現が付加され、門番の言葉なども大きく書き換えられました。

原文の例をあげて、脚本のせりふを創る過程を示してみたいと思います。

"Fair is foul, foul is fair."

これは、劇の冒頭に登場する魔女のせりふです。日本で最初に『マクベス』を翻訳した鷗外訳から順に、この原文の邦訳を並べてみましょう。

「綺麗とはきたない事で、きたないとは綺麗な事さ」（森）
「清美《きれい》は醜穢《きたない》、醜穢《きたない》は清美《きれい》」（坪内）
「きれいは穢い、穢いはきれい」（福田）
「輝く光は深い闇よ、深い闇は輝く光よ」（木下）
「よいことはわるいこと、わるいことはよいこと」（三神）
「いいは悪いで悪いはいい」（小田島）
「いいはひどい、ひどいはいい」（松岡）

ここで大切なのは、この二つの言葉にある曖昧さを素朴な音で表現することだろうと思います。七つの翻訳からもわかるように、“fair”には「きれい、美しい、明るい、いい」といったポジティブな意味があり、“foul”には「きたない、醜い、暗い、悪い」といったネガティブな意味があります。翻訳の仕事の難しさは、様々な意味から一つの意味だけを選びとらなければならないことにあります。そういう意味で言えば、この原文の一行の翻訳は極めて困難です。

私の翻訳は次のようになります。

「えーはわりぃ、わりぃはえー。めごいはめぐせ、めぐせはめごい。まんどろはくらすみ、くらすみはまんどろ。」

「えー」は仙台弁の「いい」であり、「わりぃ」は「悪い」。「めごい」は東北一帯で使われる「かわいい、綺麗」という意味であり、「めぐせ」はその逆です。「まんどろ」は津軽弁で「明るい」を、「くらすみ」は「暗い」を意味します。私はイタコの独特のリズム通して、“fair”にある「善と美と明」の三つのイメージを語らせようと試みました。このせりふがたたみかけるように違った音で語られることで立ちのぼる一種呪術的な雰囲気を、大切にしたいと思いました。そして、東北弁『マクベス』である『恐山の播部蘇《まくべす》』の脚本が完成したのです。

東北をめぐる

一九九九年八月十日、恐山の大祭の日、私たちは第五回公演『恐山の播部蘇』のリハーサル公演を恐山菩提寺《ぼだいじ》の境内で行いました。恐山は、高野山、比叡山に並ぶ三大霊山の一つです。菩提寺は、八六二年にお告げを受けた慈覚大師が地蔵堂を建立したのが始まりとされています。恐山には一三六の地獄がそこにあります。どうや地獄、血の池地獄、修羅王地獄……。恐山を日本中に知らしめたのはイタコです。彼女たちはその独特の語りのリズムで死者の霊を呼びおろすのです。

エデンィバラ公演を実現し成功させるために、私たちは、どうしても恐山で最初の公演をしなければならないと思いました。役者は言うまでもなく、このプロダクションに参加する者すべてが恐山から力を得たいと考えたのです。しかし、その実現のために動き出してから、恐山菩提寺ではこれまで演劇公演のみならず、どんなイベントの開催も許されていないことを知って、私たちは途方に暮れました。しかし、私たちの熱い思いが届いたのか、前代未聞の恐山公演があっけなく実現するのです。

下見のために恐山に行く途中、偶然立ち寄った食堂のご主人の強力なあたたかいパワーと菩

第５回公演『恐山の播部蘇』（1999 年～ 2000 年）

提寺のみなさんの寛大なご配慮のおかげで、地元での草の根宣伝が成功し、「二十人も集まればいいかな」と思われた無料の野外公演には二〇〇人以上の観客が訪れました。当日は、このまれな公演に関心を示した十社に及ぶマスコミが来て、霊山は異様な熱気に包まれました。翌日の『河北新報』の朝刊にはカラー写真とともに、なんとトップ記事として「東北弁マクベス霊場恐山で上演」と載りました。

恐山公演には、名古屋、大阪からわざわざ公演に足を運ばれた方もいらっしゃって、改めて「マクベス」と「恐山」の合体の妙を感じさせられました。

それから、一ヵ月半後、私たちは現存する日本最古の芝居小屋として有名な、秋田県鹿角郡小坂町の「康楽館」で公演しました。「康楽館」の外観は、明治時代の洋館を思わせる美しさですが、その内部は歌舞伎劇場の様式を備えています。この「康楽館」の館長の多大な協力と裏方のみなさんの誠心誠意の応援のお陰で、二五〇人近い観客に囲まれながら劇団冥利につきる芝居を打つことができました。館長さんたちの「これからもずっと来てくださいね」という言葉に、劇団員全員が胸を熱くした秋田の雪の夜でした。数日後、『河北新報』の朝刊の時評「河北春秋」はこの公演についてこう記しています。

恥ずかしながら、シェークスピアを読んだことがない。舞台を見たこともない。彼とは無縁の人生を過ごすと思っていた。気が変わった。東北弁の「マクベス」が、秋田県小坂町の康楽館で上演されるという。何だか面白そうだ。見に行った。演じるのは、仙台の劇団「シェイクスピア・カンパニー」。これまでにも東北弁でシェークスピアを上演してきた。今回の「マクベス」は、中世の東北に舞台を移し、蝦夷やイタコが登場するという。なじみやすい設定だ。（中略）「きれいは汚い、汚いはきれい」が「めごいはめぐせ、めぐせはめごい」になる。マクベスも叫ぶ。「運命よ、おだずんでねえ」。秋田音頭が入る。鬼剣舞もある。地元のお年寄りが喜ぶ。大受けだった。この舞台、シェークスピアが見たら何と言うだろう。喜んでくれるのではないか。「本当はこんな芝居だったのだよ」と。

『河北新報』一九九九年十一月三十日付

仙台公演は、初日の十日前に前売り券が完売するという盛況ぶりで、二十枚足らずの当日券のために毎回長蛇の列ができました。わざわざ劇場に来ていただきながらも芝居を見ていただけなかった方々は二〇〇人にも及びました。収容人数三〇〇人足らずの小さな劇場は、毎回観客であふれんばかりでした。しかし、座席の窮屈さで不快な思いをされた方が多かったようでした。この公演で改めて、劇場の必要性を痛感させられました。町の中にある木造のあたたかい、きさくで神聖な、誰でも一度は行きたくなるような、誰でも一度は舞台に立ちたくなるような、「グローブ座」と「康楽館」をブレンドしたような……そんな、芝居のためだけの小屋を創らなければと強く思いました。観客層は、小学生から大学生、中年、壮年、お年寄りまで。割合からすれば、女性が多いのですが、男性の観客も年々増えて、今までシェイクスピアどころか芝居そのものにあまり関心のなかった人たちが、私たちの芝居に来てくれているのは本当にうれしいことです。

仙台公演の次は宮城県多賀城市にできたばかりの新しい市民会館で公演をしようということになりました。その第一の理由は、私たちの『マクベス』の舞台の一つが、古代東北の政庁所在地、多賀城だったからです。実は、私は立派な大ホールが大変苦手で、むしろ野外や古ぼけた芝居小屋が好きなので、正直なところ気が重かったのです。ところが、ホールはいわゆる額縁舞台ではなく、観客席の三分の一を取り払って立ち席に変えられることがわかってから、にわかにワクワクしはじめました。イギリスの名優、ローレンス・オリヴィエは「アドレナリンだ！」と興奮しはじめるとよく口にしていたらしいのですが、まさにそれでした。私は、ロンドンの「グローブ座」に近い雰囲気を、ここに再現できるかもしれないと思ったのです。

私は「グローブ座」の最大の特徴のひとつがグラウンドリング、つまり舞台のすぐ下にいる立ち見客の存在だと思っています。ですから、この劇場を使って目の前に立ち見客のいる役者の気持ちというものを役者に体験してほしい、そして、立って芝居を見る気持ちを観客に体験してほしい、と思ったのです。

多賀城公演の立ち見席には、演劇的実験として多くの学生に参加してもらいました。照明は最小限にして、とりわけ舞台前方の明かりは排除しました。観客は舞台を囲むように立つのです。満員の市民会館小ホールは、芝居が始まるとまるで「グローブ座」のような独特な雰囲気を醸し出しはじめました。学生たちの感想を聞くと、芝居を見ているというよりはむしろ芝居に参加しているような気持ちになったという声が非常に多く、マクベスを演じた役者も「初めて独白がわかったような気がする」と語り、他の役者たちも「グローブ座」のイメージを体で感じたと興奮して話してくれました。

はじめての東京公演

恐山での初演を終えるとすぐ、たくさんのお客さんから「ぜひ東京で公演してください」という言葉をいただきました。いずれ東京でと考えていた私は、「いずれは、今かもしれない」と思いました。それは、この『恐山の播部蘇』が今までの倍以上の時間をかけて創られていて、この舞台には東北の匂いがあふれているからでした。ですから『恐山の播部蘇』で東京デビューするのがベストと思われたのです。そして、その思いは仙台公演が大きな反響を呼んでから益々強くなりました。

「エディンバラ公演で充分。それに加えて東京公演というのは荷が重すぎる」という声もありました。しかし、「東京で公演をすることで、もし私たちの芝居に関心を持ってくれる人が増えれば、今後わざわざ仙台まで芝居を見に来てくれる人も多くなるかもしれない」という劇団員の言葉が説得力を持って、私たちの東京公演は実行に移されることになったのです。

東京公演は、品川区にある「六行会ホール」で、六月十七日から二日間三回公演が行われました。連日満員の公演後のアンケートに書かれた感想は、どれも好意的なものばかりでした。「シンプルな舞台にしっかりとした脚本」「導入部に引き込まれるような効果」「東北の言葉が高貴に聞こえた」「言葉を越えて訴えるものが大きい」「日本語ってこんなに豊穣だったの！」「美しい東北弁」「東北弁が英語と同じように響く」。

私は、すべての公演中、観客のどこかに紛れて、観客と役者のあいだに起きることを観察していました。あるときたまたま、一族で来ていると思われる人たちの後ろに座りました。おじいちゃんとおばあちゃんを真ん中にして、子供たちと孫たちが並んでいました。総勢十一名です。

芝居が始まる前でまだ観客席がざわざわしているとき、このおじいちゃんは明らかに東北の、それも宮城の北のほうと思われるなまりが残ることばで、「いいが、ちゃんと聞いでらいんよ（聞いていなさいよ）、じいちゃんのいながの言葉だがらな」と前口上のように告げ、隣のおばあちゃんにだけつぶやくように「みんなわがんねべよ（わからないだろうね）」と言ってひとりで笑っていました。

お芝居が始まって、イタコの声が聞こえると、おじいちゃんは前のめりになって聞いていましたが、随所で大声で笑い、頭を垂れて手で涙をぬぐっていました。私もおじいちゃんの後ろ姿を見て泣いていました。そして、このおじいちゃんのためだけにでも、東京まで『恐山の播部蘇』を持ってきてよかったと思いました。

エディンバラ公演に向けて

二〇〇〇年八月、いよいよエディンバラ公演に挑戦するときが来ました。三十五名の劇団員とスタッフが航空運賃の最も高い夏のお盆休みのころに、イギリスまで出かけて一週間滞在するとなれば、総額一〇〇〇万円はくだりません。一体どうするのか？　スポンサーに頼らずに自分たちの資金で興行する。そのほうが、わがままができていい、景気にもふりまわされないでいい。となると、ひとりひとりに貯金をしてもらって自腹で行く、ということになります。自腹で行くことに不平の声がなかったとは言えませんが、結局はどこにも頼らず借金もせずにエディンバラ公演が実現しました。

私たちが目指したのは、もちろんフリンジですが、公演を成功させる鍵はどこの劇場を確保するかにありました。世界中から数多くの個人や団体がエディンバラ市街に、それぞれの規模にあった空間を求めるわけですから、当然のことながら競争率が高くなります。実績のある劇団であれば、劇場側も安心して条件のいい空間を確保してくれます。しかし、私たちのような海のものとも山のものとも知れない劇団がいい劇場を獲得するためには、こちら側の情熱、それも尋常ではない情熱と幸運の女神の微笑が必要に思われました。

時は『恐山の播部蘇』の輪郭がようやく見えはじめたばかりの一九九九年八月に遡ります。私はふたりの劇団員と一緒にエディンバラに出向きました。目的は劇場探しです。私たちは、限られた時間の中で私たちにとって最高の劇場を見つけようとしていました。人が集まりやすく、いい空間で、さらにプロデュースがしっかりしている——それが私たちの条件でした。そして、不思議なことに、私たちがイギリスに出発する一ヵ月ほど前に、一条の光が差し込んだのです。光は、東京に滞在中の、あるイギリスの劇団のマネージャーからのものでした。「仙台で公演したいのだが、力になって欲しい」ということで電話で話しているうちに、その劇団の演出家がなんとエディンバラにいるということがわかったのです。
夏、私たちはエディンバラの「プレザンス劇場」のロビーで、その演出家と話をしていました。彼が私たちの挙げた条件を聞いて推薦してくれたのは、「コメディア劇場」、「プレザンス劇場」、「シートゥ劇場」の三つでした。その中で私たちが最も魅せられたのは、エディンバラ城のすぐ側の教会にある、収容人数が一二〇人ほどで三方が観客席の「シートゥ劇場」でした。劇場とのめぐりあいが、最初の関門とすれば、次はプロデューサーが会ってくれるかどうかです。
私たちは第二関門を突破して、「シートゥ劇場」のプロデューサーに会えることになりました。ここまで来れば、後は私の出番と思っていました。いわゆる、最終面接です。
プロデューサーのケンプ氏は三十代前半の若さです。なんとしてでもこの劇場で上演したかった私は、あらん限りの大風呂敷を広げました。
「どんな劇団ですか？」（ケンプ）
「日本で最も注目されている若い劇団の一つです」（私）
「それで、なんの芝居を？」（ケンプ）
「『マクベス』です」（私）
「（眉を少しあげてうなずきながら）どんな演出で？」（ケンプ）

「私たちの住んでいるのは東北、つまり日本のスコットランドですから、スタイルはノース・ジャパニズムとでも言いましょうか。クロサワでもニナガワでもない。日本の新しいシェイクスピアです」（私）

「それはおもしろそうですね（無表情で）。全部日本語で？」（ケンプ）

「音で勝負ですから、解説はいらないと思います」（私）

「（グンと興味を示して）音で勝負……」（ケンプ）

選考には時間がかかり、返事がもらえるのは翌年になるということでした。帰途、ロンドン行きの飛行機の窓から、美しいエディンバラの街を見下ろしながら、私はなぜか幸運の女神が私たちに向かって微笑んでいるような気がしていました。

二〇〇〇年三月八日早朝、ステージ・マネージャーから興奮した声で「シートゥからOKがでました！」という電話が入りました。私は思わず「やったー！」と叫び、家族で大喜びしました。すると、マネージャーが少し冷静になって「でも午後三時からということでベストの時間帯ではないんですが……」「三時？　早朝でも深夜でもないから上出来。上演時間は？」「九十分です」。『恐山の播部蘇』の上演時間は二時間を越えていますから、私はそこで初めて「ん～」となりました。

エディンバラ日記

二〇〇〇年八月十一日、私は家族とともに一足先にエディンバラに渡りました。翌日、朝五時に目覚めると、昔と変わらない街に身を置きながら、私自身もそのころと少しも変わっていないと思いました。いろいろなことがあったのに変わらないような気がするのは、元気で生きているからだと、もの思いにふけっているとき、ふと「そうだ、もし観客がひとりも来なかったらどうしよう?」という不安に襲われました。というのは、日本を発つ前に、私たちに同行取材が決まっていたテレビ番組のディレクターから、あるとき不安げに「お客さんはどのくらい来るんでしょうかね?」と言われたのを思い出したからです。私のそのときの答えは「スコットランドに親戚も友だちもいませんからね」といたって冷淡なものでしたが、目前となって役者のモティベーションを考えると、焦燥感を覚えたのでした。

夕方と言ってもサマータイムですから、まだ真昼のような午後六時ごろ「大歓迎! シェイクスピア・カンパニー」と墨で和紙に書いた横断幕を手に、エディンバラ空港で、長旅の疲れでデロデロになって到着した劇団員とテレビのクルーを迎えました。

翌朝は雨。開演まで三十分というときに、みんなで街頭宣伝に出かけました。チラシ配りがこんなに絶大な効果をもたらすものとは知りませんでした。観客は十数人から瞬く間に増えて七十人となりました。劇場のボックスオフィスの女性は「初演では驚異的」と驚いていたほどです。芝居に惹きつけられる観客、ここぞというときに返ってくる反応、そしてカーテンコールでの嵐のような拍手に、出ないつもりでいた私は思わず挨拶に飛び出しました。挨拶は英語でこんな内容でした。

「今日は私たちの〈スコティッシュ・プレイ〉（『マクベス』は不吉な芝居ですので、イギリスではこう隠語で呼ぶのです）にようこそお越しくださいました。私たちは日本のスコットランドから参りました（ここで笑い）。今日のお芝居とともに極上の日本酒（ここでも笑い）も楽しんでいただければうれしく思います」。

滞在三日目。昨日より観客は十人ほど少なかったのですが、スタンディング・オベイションが出ました。芝居の後に、スコットランドに住む日本人ジャーナリストのインタビューを受けました。その人曰く「観客反応はとてもいいですよ。いろんな人に感想を聞いてみましたが、ある方は母音のバリエーションがすごく多いのに驚いていました」。観客の反応の繊細さにこちらが驚いたくらいでした。

四日目の朝。スコットランドの『ヘラルド』紙に、「シェイクスピアに通じる道」という大見出しのもとに、『マクベス』を上演している三つの劇団が二面を割いて大きく紹介されていて、

エディンバラの街での宣伝（2000年）

幸運にも私たちもその一つに加えられていました。そこには、「日本の『シェイクスピア・カンパニー』の特質は『言葉の音楽性』」と書かれていました。

役者たちを集めて「公演はまだあと四日あるからエネルギー調整を」とアドバイスをしてから、みんなで今日も街頭宣伝。娘も思わず英語で「マクベス！　スリー・オクロック、シートゥ！」と叫びだしました。宣伝の帰り、昨日来てくれた観客のひとりが『スコッツマン』紙に載った劇評を見せてくれました。「三つ星よ。スゴイじゃない」と言ってくれましたが、私はどの程度のものかピンと来ていませんでした。しかし、劇場に戻ると、『マクベス』のポスターに三つ星が付けられて、壁に劇評が大きく貼られていました。

「『シェイクスピア・カンパニー』がエディンバラに乗り込むために、ほかならぬこの〈スコッティッシュ・プレイ〉をあえて選択し、それを巧みに翻案したこと、それ自体に説得力がある。戦闘と殺害の場面の演出は実にダイナミックであり、役者たちの群れはまるで一つの肉体に見えるほど、静かで優雅である。魔女も不思議な効果を醸し出している。彼女たちの目は固く閉じられ、呪文の声はゾッとさせるようなあの世の雰囲気を感じさせることに成功している。非常に簡素な舞台の上に『マクベス』の世界の質感と凝縮された風景が創りだされていて、ほとんど完璧な舞台である」。

芝居が始まりました。しかし、初っ端から「は？」と思うほど間が抜けていて愕然としました。イギリスの観客は正直で、二人がいきなり遠慮なく立ち上がって退席。思わず追いかけていってわけを聞きたくなりました。友人に聞いてもなかなか批判を引き出せませんでした。舞台を終えた役者たちに、「今日の出来はどうだった?」とたずねてみると、みんな「とてもよかった」。私は、観客の反応と役者の意識の差ににわかに疲れが出ました。

五日目。その日は宣伝活動をやめ、役者全員を集めて叱咤《しった》しました。「命がけでせりふを言うんだよ。昨日と同じにやりゃいいなんて、そりゃ死んでる、腐ってるんだ。今初めてせりふを言うように言うんだよ。甘えてんじゃないよ」。結局、その日も観客が二人退席しましたが、みんなにまた力が戻ってきたことがわかりました。芝居の後に、BBCラジオのインタビューを受けましたが、これがイギリス全土に流れると思うと、感無量でした。

六日目。芝居がぐんぐんよくなっています。最終日。晴れた朝、エディンバラの海が一望できる丘に上って発声をして、全員で列をなして歩くパレードを計画しました。総動員の史上最大の作戦です。みんなでノボリを立てて「ジャパニーズ・マクベス、ラストパフォーマンス」と叫んで歩きながら、所々で名場面も実演をしてみせました。みんなの気迫が通じてか、初めて早々にチケットが売り切れとなりました。

初日の挨拶で、私が言った「極上の日本酒」。それは宮城県大崎市にある酒造「一ノ蔵」のご厚意でした。私たちのエディンバラ行きが決まったとき、私は「一ノ蔵」酒造の社長を訪ねました。その並々ならない行動力と人間の魅力で「一ノ蔵」を日本を代表する酒造会社にした方です。私が「スコッチウィスキーの本場スコットランドで、ほんものの日本酒のうまさをアピールしたいんです」と相談すると、二つ返事で全公演ですべての観客に飲んでもらえる量の一ノ蔵大吟醸を「ご祝儀だから持ってがいん（持っていって）」と寄付してくれました。ですから、実は公演の際、入口では毎回「一ノ蔵酒造」の黄色いハッピを着たスタッフが、ひとりひとりの観客にお酒を振る舞っていたのです。観客のほとんどは、こんなにおいしい日本酒は飲んだことも見たこともないわけですから、大好評でした。最終日は特別で、私が入場する観客に「酔っ払わないで劇場に入るのはご遠慮ください」と声をあげると大爆笑になりました。私たちの『マクベス』は、スコットランドでは、間違いなく「一ノ蔵」の名酒に守られていました。

最終公演は超満員の観客。打てば響く反応。もうこれで私たちの『マクベス』は消えていくんだ、と思うと、役者ひとりひとりのせりふがいとおしく思われて胸が熱くなりました。

終わった！　と思って、楽屋に戻ると、「お客さんが誰も帰ってません！」という声がして、あわてて舞台に戻ると、観客が総立ちで拍手をし私たちを待っていました。夢のようなラストパフォーマンスのカーテンコールでした。役者はみんな泣いていました。

私たちが帰国して間もなく、「シェイクスピア・カンパニー」にドイツ、南米、東京、名古屋から『恐山の播部蘇』の公演依頼が殺到しました。しかし、私たちがアマチュアであるということは、自分の仕事が優先ということです。エディンバラ公演が実現できたのは、三年前以上前から予告し、みんな時間をかけてお金を貯めて、それぞれの仕事との折り合いをつけて臨んだからです。海外であっても国内であっても、公演日が平日であったり、土日であっても調整に十分な余裕がないときは、どんなに魅力的なお誘いでも断らざるをえないのです。

エディンバラ公演を見に来てくれたドイツ人プロデューサーは、私たちをデュッセルドルフに建つ「グローブ座」に招くことにとても熱心でした。そして、私もなんとかその思いに応えたくて、メンバーひとりひとりと話し合ってスケジュールの調整を試みました。確かに、何人かの役者をあきらめて置き換えれば可能でしたが、結局、断念しました。矛盾するようですが、エディンバラに一緒に行った仲間たちの結束が固かったからこそ、あきらめたのです。

アフター・エディンバラ

「シェイクスピア・カンパニー」にとって、エディンバラ公演は大きな節目になりました。大げさな言い方をすれば紀元前（BC）と紀元後（AD）のように、私たちの意識が変わったと思っています。『恐山の播部蘇』の観客は、三〇〇〇人を越えていました。そして、私たちのこの海を越えた旅は、十二年後ロンドンの「グローブ座」に私を導いてくれることになります。

これまでもずっとそうでしたが、前の芝居が終わるころには次の芝居の演目が決まっていて、カーテンコールでの挨拶のときには必ず次作を予告していました。ところが、『恐山の播部蘇』のときは少し事情が違っていました。というのは『マクベス』開幕のときは、『リア王』と予告していたのにもかかわらず、中盤以降からいつの間にか『お気に召すまま』に変わっていたのです。

秋田の「康楽館」での公演のときです。『恐山の播部蘇』が観客の中に引き起こした一種異様な空気に向かって、「次回は月山《がっさん》が舞台の『リア王』を持って参ります」と言うと、観客がグーンと引くのが見えたのです。なぜ引いたのか？『リア王』も悲劇であるため、この『マクベス』の後には、まるでカツ丼と天丼を続けざまに食べさせられるような鬱陶しさを感じさせたからかもしれません。

この話をすると、「下館さんは確固としたポリシーを持って次の作品を選んでいると思っていたけれども、案外いい加減なんですね」と言われます。しかし、私たちはなにかの実験のために上演しているわけではないのです。お客さんの反応に迎合しすぎてはいけないかもしれませんが、お客さんを置いてきぼりにして自分たちのやりたいことをやっていくよりは、むしろ迎合したほうがいいのではないかと、私は思うのです。お客さんあっての私たちです。

観客席からの反応は、次の芝居への観客の期待度を計るリトマス試験紙です。ですから、多賀城公演のとき、「次回は『お気に召すまま』です」と言うやいなや、観客席から沸いた笑い声と拍手、「楽しみ！」というかけ声は、舞台に立っていた劇団員の心を揺さぶりました。『お気に召すまま』の構想を練りはじめ、舞台が東北の温泉郷に変わるということは、役者たちのあいだにも大分広まってはいましたが、構想が固まったのは二〇〇一年の三月の鳴子温泉でした。

原作を読んできた丸山さんと私の共通の印象は、この芝居にはこれといったドラマがないから、構成は原作通りである必要は必ずしもないこと。そして、最も魅力的な要素は作品の舞台となっているアーデンの森で、登場人物が生き生きしている、ということでした。時代は昭和三十年代、季節は冬に決まりました。主人公ロザリンドが女性から男性に変装し、また女性に戻る。このことがこの芝居のバックボーンです。そのロザリンドに一目ぼれするオーランドが、なにかの拍子で台湾と日本のハーフという設定で、「王蘭土《おうらんど》」と決まったことで、登場人物の名前は原作の音を生かすことになりました。ロザリンドは、「りんちゃん」。そして、ロザリンドを育てた公爵は東北一の漬物屋の元社長に、アーデンの森は音をそのまま生かして架空の「蛙田《あでん》温泉」となり、そこにある宿はそのとき泊まっていた旅館のぬるぬるしたお湯からヒントを得て「なめこ旅館」となりました。

次の日の朝、何度目かの湯につかりながら、私たちの心にはアーデンの森ならぬ「蛙田温泉」の世界が湯けむりの中にはっきりと浮かんでいました。第六回公演『温泉旅館のお気に召すまま』はこうして生まれました。

世界のピーター・ブルックに会う

実は、『温泉旅館のお気に召すまま』の脚本を書いたのは病院の一室でした。生まれたばかりの次女創楽《そうら》がダウン症の合併症で心臓病と白血病に侵されて、手術や治療を繰り返して、私が付き添うことが多かったからです。小さな体がチューブだらけの創楽を見つめているのは、苦しいことでした。私は、調子がよいときを見て、ベッドの上の創楽に『お気に召すまま』を読んであげることにしました。

日本語さえもわからないのですから、英語などわかるはずはないのですが、アーデンの森の中でロザリンドになったりオーランドになったりするパパを見て、娘の瞳が生き生きしているのがわかりました。微妙な間では、ケラケラ笑うのです。その姿に励まされて、私はついに一週間かけて読み終えました。まるでピーターパンが、パジャマ姿の子供の手を握って、ロンドンのテムズ河畔にそびえ立つビッグベンの上を飛び回っているような気持ちでした。

それから、創楽のかたわらで原作を振り返ることなく、ひたすら書きすすみました。この喜劇は誰よりも創楽に、そして両親が留守でさびしい時間を過ごすことが多かった、創楽の姉の宇未《うみ》に捧げたいと思っていました。

脚本ができあがって、いよいよ舞台稽古が始まろうというころに、私の中にこんなに自由に書いてしまっていいのだろうか、という不安が湧きました。そんなとき、『ハムレットの悲劇』の演出で来日していた世界的に著名な演出家、ピーター・ブルックが『ハムレットの悲劇』を語る、という企画の知らせを受けたのです。二〇〇一年六月十八日、私は東京の「世田谷パブリック・シアター」にいました。その柔らかく優しい声は何度も耳にしてきましたが、実物のブルックを見るのは初めてで、私の心も体も興奮していました。最前列に座った私は、質問を許される時間が来たときにまっさきに手を挙げて、こう尋ねました。「シェイクスピアの作品で、より重要というか魅力的なのは、お芝居の構造ですか、それとも登場人物ですか?」。本音を言えば、最初の発言で私の顔を覚えてほしかったのです。ブルック氏は「どちらも重要ですけれど、作品には、これがないとシェイクスピアじゃなくなるというものがありますね。『マクベス』だと魔女、『ハムレット』だと亡霊、『夏の夜の夢』だと妖精たちというように……」。インタビューが終わって拍手が鳴り響いていたころに、私はすでに席を離れて、ブルック氏の向かうだろうところの舞台袖の扉の前にいました。今このとき会わなければもう永遠にブルック氏には会えないだろうと思うと、私の中にためらいはありませんでした。「関係者以外お断り」の表示を無視して舞台袖の扉を開くと、絶妙のタイミングで、ブルック氏が立っていたのです。彼を囲んでいた人たちは一瞬緊張して、私を退けようとしましたが、想像していた通りブルック氏は最初に最前列で質問をした私の顔を覚えてくださっていて、「ハイ」と親しげに手をあげて私の所に歩み寄ってきてくれたのです。私は、まず握手を求めて、あたたかい大きな手に握られたまま、「もう一つ、どうしてもお聞きしたいことがありました。これから、『お気に召すまま』を演出しようとしているのですが、この喜劇で一番大切なことはなんでしょうか？」。すると、ブルック氏は、「あなたのお気に召すままに（"As you like it"）」そう言って微笑みました。

この一言で、私からフッと迷いが消え、好きなようにやればいいんだ、と確信を持ちました。

温泉の街から始まる

『温泉旅館のお気に召すまま』の初演は、二〇〇一年九月二日、日本こけし祭りの日に、鳴子温泉は「早稲田桟敷湯」で行われました。「柱があって使いにくいって言われるんだけど、や

第6回公演『温泉旅館のお気に召すまま』(2001年)

りたいようにやってください」という「早稲田桟敷湯」館長さんの大きな懐に抱かれて、私たちはそのユニークな空間でわくわくして遊びました。不思議なものです。おもしろがっていると、その場がどんどんアイディアをくれるのです。

初演といっても公開稽古という名のもとでの舞台ですから無料です。こけし祭りで町がにぎわっていたこともあって、五十人ほど座ればぎゅうぎゅうの桟敷に一〇〇人近い列ができました。うれしい悲鳴でしたが、帰っていただいたお客さんには、「仙台公演ではご招待させていただきますのでお許しください」とおわびしました。

初演ですから、私も役者たちも大変緊張していました。しかし、観客の多くが風呂あがりだったせいか、劇団員の前口上から笑いが起きていました。それを聞いて、役者たちの緊張感は一気にほぐされたにちがいないのですが、ほぐれすぎて役者たちは実によくトチリ、せりふを飛ばしました。観客席で私が見ようとしていたのは、役者の表情と観客の表情で、初演でわかったことは、この芝居が意外におもしろいということでした。

観客のやさしくてあたたかい笑い声が、自分の演技に自信を持てないでいたかもしれない役者たちに、自信を与えているのがわかりました。一方、脚本家としての私は、笑いを生むことに確信を持って書いたせりふになんの反応も起きなかったときは暗くなり、爆笑が起きたときは観客の顔を見ながら笑っていました。逆に、あまり思いを込めずにノリで書いていたせりふに大きな反応があると、不安になったものです。芝居の後のアンケートの声は、どれも「ほっこりした」というものでしたが、「筋がちょっと複雑」というコメントは刺激になりました。

その刺激は、仙台公演までの一ヵ月のあいだに、脚本を大幅に改変させることになります。役者たちはどうかと言えば、温泉場での初演から百万都市仙台の比較的ドライな観客を前にして、びくびくしているようでした。笑いが起きるはずのせりふで笑いがないと、ある役者はすっかり気落ちしているのが手にとるようにわかりました。そのひとりの役者の落胆は、確実に次のせりふをしゃべる役者に伝わり、シーン全体がみるみる萎えていくのです。

映画の観客は、役者を動かすことはありません。しかし、演劇の観客は、役者の演技に影響を与えます。舞台はその場でそのときに観客と一緒に生きているからです。演出家の視点から言えば、役者は、自分という素材を最大限に使って、リアルな登場人物を創りあげます。そして、その登場人物は舞台の上のほかの登場人物との関係の中で、ひとりのときには気づかなかった個性を発見したり、わかったつもりでいたことを再認識したりします。みんなでの稽古をすることで、頭でも身体でも理解していきます。そして、初めて観客の前に立つのです。そして、実は私もよくわからないのですが、おそらく、何パーセントかは、観客とともに創りあげていく部分を残しておくことも大事なのではないか、と思っています。それは、「シェイクスピア・カンパニー」固有の考え方かもしれません。しかし、完全にできあがったものを見ていただくのではなくて、観客も触って参加できる実感の持てるお芝居創りに向かいたい思いが、私たちの中に眠っていることに、この『温泉旅館のお気に召すまま』の初演を通して、気づかされたような気がします。

仙台公演のアンケートからいくつかの感想を見てみましょう。「街の中で温泉に入ったような気分」「ずーっと笑っていた」「ほのぼのとして懐かしく心が癒された」という好意的なものに対して、「原作を読んでくると肩すかしを食らったような気がする」「役者が観客の反応をうかがっているようだった」という声もありました。私がうれしかったのは「日本語はわからなかったが、原作の匂いを感じた」というドイツ人留学生の言葉と「オリジナルということだが、これは『お気に召すまま』以外のなにものでもない」「シェイクスピアに浪花節を見た」というコメントでした。おかしかったのは、受付で「蛙田《あでん》温泉へはどうやって行ったらよいのか?」と聞きに来た観客が、公演ごとにいたことです。

その秋の盛岡公演「盛岡劇場」タウンホールの観客はみなさん本当にうれしそうでした。声がかかり笑いが渦巻き、役者は観客からあたたかいエネルギーを感じ続けました。そこで役者と観客がまさに一つになっていました。仙台での観客のクールさの中で、役者が鍛えられてきたからかもしれませんが、この喜劇の味が盛岡でやっと立ち上がってきたように思われました。「スタッフ・キャスト、ひとりひとりの情熱や思いが私の体の中にズンズンと伝わってきた」「最高だった。笑いあり涙あり、ジーンと心に響きた。ずーとずーと続けて下さい」という熱い声と、地元の劇評誌も五つ星をつけてくれました。

その次の公演先は秋田県小坂町の「康楽館」です。私たちは二年ぶりに訪れた日本最古の木造芝居小屋での芝居を、存分に楽しみました。この芝居小屋に来ると、芝居とはこうあるべしということをいつも教えられます。劇場の原点がここにあるのです。秋田ですべての公演予定を消化したはずでしたが、私たちなりにだいぶ熟成させたにちがいないこの喜劇を持って、どうしてもまた「早稲田桟敷湯」に行きたくなりました。そして、十二月九日、ひどく寒かったのですが、チラチラと雪の降る満点の雰囲気の中で、再び鳴子温泉郷で『温泉旅館のお気に召すまま』を上演しました。最後は、満員のお客さんと一緒になって、蛙田温泉音頭を歌って、幕を閉じました。音頭の歌詞「好きなようにしてけさいん」とは、"As You Like It" のことです。

ここはみちのくお湯の里　ハア　あでんでんでん　よいところ
朝飯食って　ひとっ風呂　夢の続きはお湯の中
アア　好きなようにしてけさいん　好きなようにしてけさいん
昼飯食って　ひとっ風呂　からだもとろげて　夢心地
アア　好きなようにしてけさいん　好きなようにしてけさいん
夜は酒飲み　ひとっ風呂　湯気の向こうは　夢の中

アア　好きなようにしてけさいん　好きなようにしてけさいん

『温泉旅館のお気に召すまま』は、二〇〇八年には、キャストなど一部変更し、第八回公演『新・温泉旅館のお気に召すまま』として、鳴子温泉、仙台市、東京をめぐることとなりました。

家族とともに

『お気に召すまま』の公演のあいだは、妻が入院中の創楽に付き添っていました。ですから、長女の宇未はいつも私と一緒に劇場にいました。人は走っていると周りの景色がよく見えませんが、立ち止まると、忘れていたことに気がつきます。ある公演の朝、私は娘と一緒に自宅のそばの橋の上からぼんやりと広瀬川の流れを見ているとき、忘れ難いある日のことを思い出していました。

最初の妻と離婚して、暗い気持ちでいたある日、私はピンチヒッターで英会話のクラスを担当してくれないかと頼まれ、英会話教室に行きました。それぞれの生徒に英語で自己紹介をしてもらっていたときに、ひとりの女性が遅れて入ってきました。私は、彼女を見た瞬間、めまいを覚えました。なぜめまいを覚えたのかわかりませんが、なにかなつかしい匂いを感じたのです。おそらく、それから授業が終わるまで、私の目は彼女に釘付けになっていましたから、彼女もそのクラスにいた生徒たちも、異様な感じを持ったと思います。

授業が終わって、みんなが教室を出た直後、私は彼女を追って近づき、こう言いました。「あの、唐突なのですが、結婚していただけませんでしょうか?」。私は交際を申し込んだのではなくて、結婚を申し込んだのです。彼女は、驚きと当惑を隠さずに「は?」と声にすると、「失礼します」と言って姿を消しました。それが、その後に妻となる中村晴子(フォトグラファー名ハルコ)です。彼女は世界を飛び回っていたフォトグラファーでした。

私は、この人とどうしても結婚したいという思いが強く、何度もプロポーズを繰り返しましたが断られ続けました。しかし不思議なことに彼女は私と会うことを拒むことはありませんでした。断られ続けながらも、彼女から受け入れられたときの喜びは、言葉には到底言い表せないものでした。彼女が私のプロポーズを受け入れた理由は、こうでした。「和巳さんは、離婚をしていて、人の心の痛みを知っているから。そして、一緒にいると私が私のままでいられそうな気がするから」。結婚して数年後、長女の宇未が生まれました。そして障害を持った次女の創楽が生まれたとき、彼女は泣きながら「この子は、私たちを選んで生まれてきたのよ。だから、私たちに新しい扉が開かれたの!」と言ったのです。

時は流れ、『温泉旅館のお気に召すまま』を準備しているときのことです。二〇〇一年のことです。ロンドンの「グローブ座」が、アーティスティック・フェローを募集していました。私は胸が躍りました。あの「グローブ座」で芝居を創る？　しかし、生まれてすぐにダウン症の合併症にかかった創楽は一体治るのか？　病と闘う娘を置いてロンドンなどに行っていられるか？　という自問自答がありました。でも私は思いました。どうせだめだろう。それなら、後悔のないように応募だけはしてみよう。

応募して一ヵ月後、日本の事務局から、「日本からは下館さんを推薦することに決まりました」という連絡を受けました。たった一度きりだけれどエディンバラに行き、とりあえず三ツ星もいただいてはいる、そして長く「グローブ座」に強い関心を抱いているシェイクスピア学者ではあるけれども、舞台製作のキャリアは浅いし、募集の演出家のポストはたったひとつだから、大丈夫落ちる、という妙な自信を持っていました。すると、今度はロンドンから分厚い封書が届いたのです。『グローブ座』で演出をしたい理由とＴＯＥＦＬのスコアを書け」ということでした。

私は創楽のベッドの横に眠っている病院暮らしですから、「これは面倒だ」と思って放っておきました。一ヵ月が過ぎると、またロンドンから「急いでくれ」と手紙が来たのです。私はＴＯＥＦＬスコアについては黙殺し、理由書だけを送りました。すると、今度は日本の事務局から連絡が来て、「スコアはいらないので、あなたの英語力が『グローブ座』で演出するのに十分かどうか証明できる人を教えてほしいと言っている」。そして間もなく、私の予想を覆して、「あなたが、選ばれました」という通知を手にしたのです。

私は、病院から大学に通い、稽古に出かけていました。そういう生活をしながら、第七回公演を予定している『ハムレット』を創る力など、今の私にも「カンパニー」のメンバーにもないと思いはじめていたのです。出直そう。イギリスで勉強し直そう。つまり、劇団の活動を休止するということです。でも、当時の三十五人のメンバーは、私の『ハムレット』への模索を、一年以上も待ってくれるだろうか？　いや、みんなにはそれぞれ人生がある。ここで、解散がいい。もし私が帰国するだろう一年後に、なんとしてもやりたいならば、また戻って来てくれるだろう。そんなことを、心の中でもうひとりの自分と語りあっていました。

いよいよ「グローブ座」行きが決まると、私はメンバー全員を集めて、解散と、その理由を告げました。全員に衝撃が走り、泣き出す者もいました。しかし、しがみついていてはだめ。みんな手放す。そして一から始める。それがいいと私は思いました。

大学から研修休暇をいただいて、ロンドンに行くことにはなったのですが、創楽の退院の見通しはたっていませんでした。ひとりで行くことは考えられませんでしたが、この千載一遇のチャンスを断る勇気もありませんでした。そもそも合格するとは思っていませんでしたから、事務局にも、今の私の家庭の状況など伝えていませんでした。しかし、最終決定をしなければならない五月、創楽は奇跡的に回復したのです。ところが、今度は長く床に伏していた父が肺炎を起こして危篤になりました。降ればどしゃ降りとはこのことです。父をこのままにして、自分の夢を追うわけにはいかない。葛藤が続きました。

私は父とは仲よしで、親子というよりも友達のようでしたから、毎晩病院に通って、もう意識のない父のベッドのそばでこっそり晩酌をすることに決めました。父は、日本で初めてホヤの塩辛をつくった人です。ですから、父の作品の塩辛と日本酒を並べて、一緒にテムズ河畔の「アンカー」というパブでビールを飲んだことや、下宿のおばさんのところでアフタヌーンティをいただことを話しました。「お父さんのおかげでお芝居をやらせていただいているんだよ。ありがとうね。そして、いよいよロンドンでお芝居を創るんだ」と父に語りかけながら飲んでいました。

父は、きっと聞いていたのだと思います。父が息をひきとったのは、「グローブ座」プロジェクトが始まるまさに二週間前でした。「和巳、早く一緒にロンドンに行こう。そしてビールを飲もう」、そう父に言われたような気がしました。

父の葬儀を済ますと、私は妻と幼稚園児の長女と幸運にも治療に成功した次女の四人でイギリスに渡りました。私は喪失の悲しみと、生きることの意味を考えながら「グローブ座」に行くことになります。

「グローブ座」という修行

二〇〇二年七月「グローブ座」の楽屋のドアを開くと、私は、サム・ワナメイカーのブロンズ像の微笑に迎えられました。「ついに、やってきたね」そんな風に言われたような気がしました。オープニング・セレモニーで集まったのは、十三人。そのうち役者が十一人、脚本家と演出家が一人ずつ。それぞれ挨拶を交わしあいました。役者はみんな、舞台や映画で見覚えのある顔ばかりです。「グローブ座」に足を踏み入れたときに感じた恍惚感は、一瞬にして、「この人たちをこの私が演出できるの?」という焦燥感に変わりました。みんなの国籍はイギリス、アメリカ、オーストラリア、ニュージーランド。私を除くすべてが、英語を母国語として育ち、小学生のころからシェイクスピアに触れている者ばかりです。私は、まるで歌舞伎の製作陣の中にひとりだけまじった外国人のような気持ちでした。泣き出したいとはこのことですが、もう引き返せません。しかし、「グローブ座」の芸術監督の言葉には胸を打たれました。「この空間は〈創造の子宮〉です。だからあなたたちは、ここでもう一度生まれるのです」。

ロンドンに来る前に私が思っていたこと、それは世界中の役者たちと楽しく芝居を創りたい、ということでした。それは甘すぎたことを知るのに一日もかかりませんでした。「グローブ座」は、舞台製作という真剣勝負の戦場だったからです。私は、役者の演技に具体的なコメントをするたびに役者とぶつかり、私のイメージの中にあるシェイクスピアの世界を役者たちに求めようとすればするほど、私と役者たちのコミュニケーションがぎくしゃくしていくのがわかりました。私は孤立し、演出家としての自信を失いはじめていました。

ある夜、「グローブ座」の演出家に助言を求めました。すると、彼は言葉を選びながらこう話してくれました。「これは僕の考えだけれども、役者の演技ひとつひとつは、彼らの鋭い直感と深い思考から生み出されているから、そのことをまず尊重しなければね。演出家の思いは、ぎりぎりまで具体的に表現しないほうがいいんじゃないかな。演出しようとしないっていうかな、それが役者たちをかえって刺激するかもね。演出は忍耐だよ」。

私は、彼の言葉をしみじみと噛みしめながら、演出することよりも、しないでいるほうがはるかに難しいと思いました。二〇〇二年九月三日、アーティスティック・フェロー特別公演当日のロンドンは、未曽有の嵐に見舞われました。雨がっぱをかぶり、立ち見客のひとりとなった私の心の中は、すでに嵐の後でした。舞台で熱演する役者たちの演技を見つめながら、私の脳裏を激しかった一ヵ月が走馬灯のようにめぐっていました。公演は一〇〇〇人の観客を得て成功に終わりました。私は観客の拍手を聞きながら、棒高跳びで自己記録をはるかに上回る高さを飛び越えた喜びというより、そうして着地したときに折った足の骨の痛みのようなものを感じていました。私は、「日本人にシェイクスピアがわかるのだろうか？」という素朴な疑問に襲われていました。「グローブ座」で、英語で書かれた脚本だけを頼りに芝居を創っているうちに、この原語でしかシェイクスピアは表せないのではないだろうか、と思いはじめたのです。

公演後、家族と一緒にケンブリッジに滞在しながら、もうロンドンには行きたくない、もうシェイクスピアさえ見たくない……そういう気持ちでした。クリスマスが近いある日の午後、所用でひとりロンドンに向かいました。恐る恐る、テムズ川にかかるミレニアムブリッジを渡り、その真ん中あたりから「グローブ座」を見ると、巨大な美術館テイト・モダンに並んで、小さく見えました。そして、もう思い出したくないと思った「グローブ座」の小ささを愛おしくさえ思いました。同時に、私の心に覆いかぶさっていた大きな疑問が消えてしまったわけではないけれども、あそこは「グローブ座」だぞ。舞台は世界だ。シェイクスピアはイギリス人で、英語で書いたけれども、イギリス人を書きながら人間を書いたんだから、お前も舞台を創っていいんだ、と心の中で叫んでいました。

ハムレットへ

帰国後、私は次回公演『ハムレット』に向かってすべてを忘れました。イギリスにいるあいだ、私が持たなければならなかったのは、覚悟でした。イギリスでは、ひたすらイギリスの『ハムレット』に圧倒されていればいい、と思っていました。『ハムレット』上演のうわさを聞けば、ロンドン、ストラトフォード、バーミンガムに走り、コペンハーゲン、ミュンヘン、パリへと飛びました。そして見ました、聞きました、ヨーロッパの『ハムレット』を。

私が見てきた『ハムレット』の中で、例外なく必ず笑いが起きたのが、墓掘りのシーンでした。しかし、ここは主人公のハムレットにひどく扱われ、父親を殺され、ついには溺死してしまう恋人、オフィーリアの墓を掘っているところです。どうにも釈然としないものがありました。これは私だけの問題かもしれませんが、見ても読んでも、笑えないのです。ハムレットがしゃれこうべに向かって語りかける場面は、しばしば『ハムレット』の舞台のスティール写真になっていますから、重要なのです。それなのに、リアリティがどうにも感じられないでいました。

日本から遊びに来た友人たちと、イギリス南部コンウォール地方に旅をしたときのことです。

興奮しているせいか朝早く目覚めると、私は、同室だった友人と散歩をしました。しばらく歩いていると、村はずれの小高い丘の上に、教会を見つけたのでのぼっていくと、墓地が広がっていました。ふたりでそこに立っていると、小さな扉ほどの大きさの枠を左手に、スコップを右手に持ったおじさんが口笛を吹きながらやってきたのです。彼は、きょろきょろとあたりを見回した後に、地面に枠を置いて土を掘りはじめました。墓掘りです。私は、まるで『ハムレット』の墓掘りのシーンに一瞬迷い込んだような気持ちになりました。そして、墓掘りに近づいて、「誰のお墓ですか?」と聞くと、わかりにくいコンウォールなまりで聞きもしないことを語りはじめました。「あそこは、誰々の墓で、その人はぽっくりいったらしい。その息子の娘は駆け落ちしてここらへんに墓はないんだが、その娘が置いていかれてこの墓さ、まだ小さくてかわいそうだ……」。私は俄然興味がわいてきて、「いつから墓掘りをやっているのか?」これまたハムレットみたいに聞くと、急に掘るのをやめて、スコップを地面に立てると、その取手のところに両腕を休めて、「昔は漁師だったのさ。ある日、しけが続いて、暇でうろうろしてたら、牧師先生に、収入は多くないけど安定してるから、教会のこと手伝ってくれないかって言われてね、この通りだ。かれこれ二十年くらいになるかな」。私は、どんなに胸をときめかせてこの墓掘りのおじさんと話をしていたことか!

『奥州幕末の破無礼』誕生

帰国すると、私は脚本構想に新たな才能を加えることにしました。ひとりは、高校の英語教師で英文学研究者の鹿又正義。もうひとりは、会社員で武術と東北の歴史に詳しい菅原博英。ふたりの共通点は、東北学院大学の教え子であることと、独身時代の私の家の週末の常連宿泊客だったことです。

『ハムレット』は一見、個人の苦悩の悲劇、家庭劇のように思われるけれども、実はスケールの大きいドラマである。それを、日本に置き換えるならば、時代としては西洋というものを突然受け入れざるをえなかった幕末以外ないだろう……という考えは、構想グループの四人の中では了解されていました。しかし、そこから先は未知でした。

菅原の「シェイクスピアが伝えたい『ハムレット』は、決して特別なものではなくて、一生懸命生きている私たちの普通の生活」という主張は私たちの心に響いて、大きな歴史のうねりの中に生きた名もないプリンスを描こう、ということになりました。そして、奥羽列藩同盟という東北にとっては革命的な事件を縦糸に据えることにしました。しかし、デンマークを東北の列藩のどこにするか？　ということについては、意見が分かれました。第一に候補にあがったのは会津藩でしたが、その歴史を調べれば調べるほど、会津の悲劇性が浮き彫りになって『ハムレット』の影が薄らいでいくのです。そして、たどり着いたのが、東北最大最強の仙台藩でした。確かに、仙台藩は、徳川幕府と新政府軍の犠牲になった会津藩のためになにもしなかったと言われ続けてきましたが、なにもしなかったということは、なにも考えていなかったということではない。仙台藩も、ほかの東北諸藩も熱く思い、考えていたにちがいない。そこのところを掘り下げていこう。ハムレットをはじめすべての名前の音は、翻案しても生かすことにしました。ですから、ハムレットは、「破無礼《はむれ》」となりました。意味は無を破る礼節の人。舞台であるデンマークのエルシノアは、天馬《てんま》藩の鳰島《えりしま》にしました。タイトルは『奥州幕末の破無礼』です。

青天の霹靂

『ハムレット』の脚本を書いているあいだ、イギリスですでに妻のお腹の中に宿っていた三女羽永《はな》が誕生しました。しかし間もなく、まるで脚本完成を待っていたかのように、妻がガンであることが発覚するのです。二〇〇四年七月のことです。妻は、病院に行ったその日の午後、そのまま入院となり、そして、二〇〇五年一月に亡くなりました。四十二歳、膵臓がんでした。

私は、生後間もない羽永と障害を持って生まれた創楽とまだ小学一年生の宇未をかかえて、途方に暮れました。ある冬の日の朝に記された備忘録にはこうあります。

「はながミルクこぼし、そうらが味噌汁こぼし、うみがお茶こぼし、私が灯油こぼし……こぼしっぱなしも人生に腹が立ってきた朝、ふと目にとまった起き上がりこぼしが、きらきらして見えた」

妻は、「シェイクスピア・カンパニー」をとても愛していました。それは、彼女が劇団のこれまでのすべての舞台とポスターの写真を撮ってきたことに最もよく表れています。そして、彼女の撮った役者たちの写真には愛があふれていました。役者からもスタッフからもお客さんからも愛されていました。彼女は劇団の運営や演出について口を挟むことは一切しませんでした。しかし、私が助言を求めると、とりわけ役者については目の覚めるような答えが返ってくることがしばしばでした。

茫然自失《ぼうぜんじしつ》の私の前で、みんな涙を流してくれました。そして、あるとき「先生がやれないとおっしゃるならば、悔しいけれども、私たちもあきらめます。でも、やろうと言うなら、先生に負担をかけないように、みんなで力を合わせてがんばりますから、決断してください」と言われたのです。妻の『破無礼』に対する思い入れには並々ならないものがありました。私は、身の置き所のないような悲しみの淵にふわふわと漂っていましたが、「『カンパニー』らしい独特なハムレットを見せてね」と言う彼女の最後のことばを思い出して、仲間たちの熱い想いに身を委ねたのです。

私の生活は変わりました。大学から帰宅すれば子供の面倒を見ることが中心になりました。ハムレット役となった役者は、一家の長男のように、演出の私が不在の中で座長として劇団をひっぱっていかなければなりませんでした。ですから、普段ならばみんなと話しあって解決していた問題が、山積していきました。私は、みんなの行き場のない思いに少しでも出口をという思いから、子供たちを寝かせた後に、自宅のこたつを囲んで夜中まで議論する時間を設けました。

『ハムレット』は、演劇界のモナリザとも言われる最高傑作ということもあって、マスコミによって公演日程が世に知らされるやいなや大変な反響で、初演となった仙台公演の八〇〇枚のチケットは瞬く間に売り切れて、公演終了と同時に再演の声が上がりました。私たちは、イギリス人アナマリー氏の次の言葉に胸を打たれました。彼女は、ＢＢＣで脚本の仕事をしていた演劇人です。

「これは記憶に残る『ハムレット』の解釈である。シェイクスピアの芝居の中で最も長く、そしておそらく最も有名なこの悲劇は、いつも多くの課題を残してきた。しかし、この劇団は、その課題に向きあって、シェイクスピアの物語そのものに挑戦している。背景と登場人物を束北に移したことで、下館とその劇団は一瞬にして『ハムレット』を日本の観客にとってよりわかりやすいものにすると同時に、シェイクスピアのまったく新しいビジョンを打ち出した。丁寧につづられた魅力的な脚本もさることながら、この芝居の強さと魔力は、最高にエネルギッシュでかつ完全に自然体な役者たちと、それを導いた演出家・製作チームによるものである」。

私は、涙が出るほどうれしかったのを、覚えています。「カンパニー」には、その始まりからスターはいません。みんな素人同然というだけではなくて、なかなか個性の強い者たちの集まりです。よちよち歩きから、少し早足になって、海の外に飛び出して、東北中を飛び回って、暗中模索、悪戦苦闘しながら、私たちはひとつの場にたどり着いたような気がしました。

『奥州幕末の破無礼』は、二〇〇六年三月二十四日の仙台から始まって、「大崎市松山青年交流館」、東京「六行会ホール」、岩手県盛岡市「盛岡劇場」タウンホール、仙台市泉区「イズミティ21」、秋田県仙北市「田沢湖芸術劇場わらび座」、山形県山形市「遊学館ホール」、そして青森県「八戸市公会堂文化ホール」で幕を閉じました。二年というこれまでで最長のプロダクションで、五〇〇〇人の観客を動員しました。仙台市芸術祭参加作品として「イズミティ21」で行われた公演で観客数は一二〇〇人に及びました。

私たちは、これまで小さな多目的ホールで公演してきましたが、『破無礼』の公演で芸術祭に参加したため使うことになった大劇場公演には、思わぬよさがありました。それは、公演回

第７回公演『奥州幕末の破無礼』（2006 年～ 2008 年）

数が多く収容人数が多いため、これまで来ることができなかった人たちにも来ていただけたことです。近所の魚屋さんに大好物のイカ刺しを買いに行くと、おじいちゃんが「このあいだ、見たよ！　いがったよ～。すっか、すねがだ、なじょすっぺ！　ってね～」と見栄を切って見せてくれました。すると横にいたおばあちゃんが「この人ほんとは自分が出だがったんだべょ」と言うと、おじいちゃんは照れ笑い。みんなで笑いました。八百屋のおじさんに「このあいだのたくあん漬け、うまがったよ～」と言うと、「んでも、しぇんしぇだず（先生たち）のシェイクスピアほどではねすぺ？」と言ってうれしそうに笑ってくれました。こうして、仙台にいて仙台の言葉でやっていると、お芝居の反応が、じかに返ってくる……それがなんともしみじみと幸せに思われるのです。

二〇〇六年の夏のある日のことです。『朝日新聞』の論説委員の方が東京から取材に来ました。彼は、稽古場に現れた私が赤ちゃんの羽永を抱いて二人の娘を連れていて、稽古が羽永のおむつを替えるために中断されたり、私が宇未と創楽におにぎりを食べさせたりする姿を見て、演出家のイメージを打ち砕かれたにちがいないと思います。しかし、ハムレット役が「すっか、すねがだ、なじょすっぺ……」とつぶやくと、突然「いいですね、胸に響きますね」と高揚して声にしたのを覚えています。そしてある朝早く、友人からの電話で、「下館さん、『朝日新聞』を見て」と知らされ、新聞を手に取ると確か私たちのことが載っていました。

「すっか、すねがだ、なじょすっぺ」。シェークスピアの「ハムレット」で最も有名なせりふを東北学院大教授の下館和巳さん（50）は、こう訳した。手元の岩波文庫では、「生きるか、死ぬか、それが問題だ」（野島秀勝訳）とある。坪内逍遥訳を始め、50種類はあるといわれる日本語訳に、新たに仙台弁が加わることになった。（中略）「関西弁や九州弁、いろんなことばのシェークスピアがあっていいじゃないですか」。下館さんは笑顔で、そう話した。

（『朝日新聞』二〇〇六年八月二十七日付）

私は、最後の「笑顔で、そう話した」と書いてくださった論説委員の方に、やさしさを感じました。記事の効果は抜群で、妻を亡くしてから、気をつかって離れていた方たちから、その日、雨のようにメールとお電話をいただきました。

二〇〇八年三月三十日、私たちは、青森県八戸市の公会堂に来てくださった三四一人のお客さんに見守られて、予定されていたすべての『破無礼』公演を終えました。稽古を始めてから四年、構想に向かって動き出してからなんと六年と三ヵ月の月日が流れていました。

私たちのオセロを探して

『破無礼』を終えると、私は新作『オセロ』の脚本を期待されていました。しかし、私は自分から書く魔力のようなものが失われたような気がしていました。妻に憧れ尊敬して、その妻に少しでも近づきたいという思いから一生懸命に書いていたような自分がいましたから、その彼女がいない今は、もう書く意味がないとすら思っていました。

『オセロ』の主人公オセロは、黒人の将軍です。そして、その妻デスデモーナは白人です。白人の妻が、オセロの部下である白人と浮気をしているという嘘を吹き込まれたオセロが、最終的には妻を殺してしまう物語です。考えようによっては、寝取られたと思い込んだ妄想癖の強い男の起こしたただの殺人事件ですが、そうさせていないのは、シェイクスピアの詩の言葉です。私たちの課題は、オセロをどうするかでした。東北を舞台にしながら、オセロを黒人にすることは、東北の歴史のどの側面から見ても不自然でしたので、脚本構想はなかなか動き出しませんでした。

日本は差別にはとても弱い国です。シェイクスピアは、ユダヤ人や黒人の問題にまっこうからから取り組んでいますが、日本では差別の問題に深く入り込むことはタブーです。

差別という視点ではなくて、オセロを社会の中の余所者と考えた場合、もっと選択肢が広がります。そこで、まず時代を決めることにしました。これまで、「カンパニー」が選んできた時代は、『ロミオとジュリエット』のいつでもない時代、『夏の夜の夢』の未来という時代、『から騒ぎ』の縄文時代、『十二夜』の江戸時代初期、『播部蘇』の平安時代末期、『お気に召すまま』の昭和三十年代、『破無礼』の江戸時代末期でした。そもそもこの悲劇にはメロドラマ的な要素が色濃くありますから、『オセロ』を現代に置き換えるという考えがなかったわけではありませんが、現代という時代はシェイクスピアの作品の深さを削ぎ取ってしまうかもしれないという危惧を持ちました。そして、さまざまな検討を重ねた結果、時代は幕末となりました。そこで、浮かび上がってきた外国人が、ホーレス・ケプロンでした。ケプロンは当時まだ青年次官だった黒田《くろだ》清隆《きよたか》に懇願されて未開の地にやってきた現役のアメリカ合衆国の軍人で農務長官です。六十七歳の老将であったことも、北海道の開拓に夢を抱いていたのも、魅力的な要素でした。そして、その妻は北方警備にあたっていた仙台藩士の娘。これでいこう！ ということになって、まずともかく一幕を書いてみることになったのです。

しかし、二つの問題が脚本の筆を重くしました。一つは、ケプロンが日本語を話せたか？ 話せないだろう。とすれば、通訳がいればいい。オセロを手玉に取るイアゴーを通訳にするのもおもしろい。すると、ケプロンは英語のネイティブでなければならない。劇団にネイティブの役者を連れてくればいいじゃないか、と強気で前に進む。しかし、ロシアの艦隊が嵐で勝手に難破してしまうような海岸はあるのか？　どうも見当たらない……。

ここで突然、想像力が止まり、先が見えなくなりました。思い屈して、私は、気がつけばひとり北海道行きの寝台列車北斗星号に乗っていました。目的のひとつは仙台藩白老元陣屋資料館。そこは、仙台藩士北方警備の歴史を詳細に語っている場だからです。

摩周湖の前に立って、その美しさに息をのみました。ふと入ったかやぶきの家にひとりの老人がいて機を織っていました。よく見ると彫り物や織物があるみやげもの屋ですが、老人は私に目もくれず機を織り続けています。家の隅に立派な漆の桶が積み重ねられていました。その桶をじっと見ていると老人がぶっきらぼうに「それなんだがわかるが？」。「シャケと交換してもらったんですね」と私。すると、吐き捨てるように「首桶だ」。それから私は時を忘れてその老人の物語を聞きました。老人はクナシリ島生まれのアイヌ。やわらかく、低い声がなにか不思議に懐かしい。その日、北辺防衛会津藩士顕彰碑に手を合わせながら、ここから海に渡った東北の人々を思って胸が締めつけられるような思いでした。劇の中に出てくるロシアの艦隊が襲来し勝手に沈没してしまうような海域はないだろうか？　根室の資料館に行きました。そこで出会った老人が「函館の高田屋嘉兵衛《たかだやかへえ》資料館さ行げばいいな」と言ってくれました。「どうして高田屋なんですか？」と聞き返すと、「クナシリとエトロフのあいだは船乗りの難所でな、オホーツク海と日本海と太平洋の潮があの海峡で三筋になって渦巻いてるのさ」。

私はすぐ函館に戻る列車に乗りました。そして北の大地を横切っているとき、あのアイヌ老人の声が耳に響いてきたのです。「あんだなにしにここに来たのや。アイヌはあんだの芝居の飾りが？　アイヌを書いてくれや」。列車は十勝川を越えようとしていました。私は丸山さんにメールを打ちました。「僕たちの構想は大きく変わります。オセロはアイヌでなければなりません」。そうすると即返事が来ました。「下館さんが北海道に行かなければならないと言ったときに、そうなるだろうと思っていました。やりましょう」。

仙台に戻った夜、留守を守って三人の娘をみていてくれた母に「アイヌの『オセロ』になるよ」と言うと、「お父さん、北海道物産展があるたびにアイヌの人をうちに泊めてね。お前なんか、朝その人の膝の上にのせられて、ふくろうの彫り物なんかつくってもらって喜んでたよ」と言われ、やわらかく低いアイヌ老人の声を思い出していました。


いよいよ脚本を書き出すというときに、書けるだろうか？　という不安に襲われました。具体的には、時間の問題です。三人の娘を日々育てながら、脚本のための時間を見つけ出せるだろうか？　そして、妻がいたからこそ私の中にあった書く力が、今もあるのだろうか？

妻が生きていたころ、私は書斎にこもってパイプ片手にひたすら何時間も脚本に没頭していました。それが許されていて、私の最も心地よい脚本の時間でした。しかし、もうそれは不可能でした。どうやって書こうか？……まず私は自分の書斎を失くしました。そしてパイプをやめました。書く場所を三人の子供全員から見えるキッチンのそばにしました。パソコンと『オセロ』の原書を載せてそれでいっぱいのテーブルと椅子。資料は足元。そして、書くときだけ座り、考えるときは家事をする。そうして、五ヵ月かけて二〇一〇年三月、東北弁『オセロ』である『アトゥイ・オセロ』の脚本は完成したのです。

虫の知らせ

「シェイクスピア・カンパニー」のこれまでのすべてのプロダクションは、オーディションによって、配役が決められてきました。そして、例外なく『アトゥイ・オセロ』もそうでした。しかし、正確に言えば、主役のオセロだけは、この男しかいないと、思われた役者がいました。「カンパニー」の創設メンバーで、代表作は『夏の夜の夢』のボトム、『ハムレット』のクローディアスです。

オセロ役の彼の故郷、青森では、仙台弁が聞こえてこない仙台とは事情が異なって、はるかに日常に方言があふれているのです。ですから、〈東北弁のシェイクスピア〉を始めたときに、

第９回公演『アトゥイ・オセロ』（2010～2011年）

多くの仙台出身の役者たちがためらいを見せたなかで、彼だけは嬉々として方言を話すことができました。そして、彼が生き生きと話すその姿が、劇団そのものに刺激を与え、牽引者の役割を果たしていきました。

『アトゥイ・オセロ』の公演は、二〇一〇年十一月の宮城県「大崎市松山青年交流館」を皮切りに、十二月仙台市「エル・パーク仙台」、二〇一一年二月青森県「八戸市公会堂文化ホール」をめぐりました。

さて、『アトゥイ・オセロ』は、ぜひ北海道で上演したいという思いがありました。公演予定地は札幌。しかし、オセロをアイヌにすることは、私たちが想像していた以上に問題があることに気がついたのは、公演の実現のために動き出したときです。札幌の街の人々に会いながら、東北では感じなかった難しさをひしひしと感じました。黒人であるオセロが受けている侮辱の言葉は確かに聞くに堪えないものがあります。しかし、シェイクスピアはオセロの内面の美しさを描いているのです。そう主張しても、ぜひ見たいと言う人は少なく、それ以上に一様に起こりうる誤解や批判を懸念していました。まず東京で上演し、一定の評価を得てから、札幌に来るほうが安全だと思う、と助言してくれた人もいました。それでもやろうという思いは消えることなく、上演する場を決めました。

ある日、下見と会場費の支払いのために、私は再度札幌に出向きました。マネージャーが事前に予約を入れてくれていて、朝の九時に会場のスタッフと会うことになっていました。しかし、会場の近くの街を歩きながら、私はなんとなく集客の難しさを感じていました。一〇〇人が精一杯かもしれない。「カンパニー」のメンバーは絞っても総勢二十五人はいる。交通費だけで莫大。赤字だろう。それでも、やりたいのか？　北海道で生まれた発想だから、ここの人たちに見てもらいたい。やろう。九時に事務所の前に立っていましたが、ガラス張りの事務所に明かりはなく人の気配はありません。九時半。まだ誰もいない。マネージャーに電話をして約束に間違いがないことを確認。十時十五分。事務所は変わらず静寂。十時半。私は、帰りの飛行機のことを考えて断念しました。札幌の空港でようやく会場側から恐縮の電話をもらったのですが、どうやら担当事務員の失念か寝坊だったようです。飛行機の中で、嫌な予感がしました。こんなことはこれまで一度もなかった。なぜだろう。やめなさいということ？　仙台の自宅に戻ると、私の心は札幌公演中止に傾いていて、マネージャーに電話をしました。「なぜかわからないけれど、あきらめなさいと言われているような気がするので、中止にしよう」。

札幌公演の会場予約の日程は、二〇一一年三月二十日でした。東日本大震災の八日後だったのです。

第三幕　震災を越えて

地震と津波

私は、塩竈の生まれです。ですから、生まれたときから潮の匂いをかいでいます。それに加えて、父の仕事は海産物屋でしたから、昆布、スルメといった干物だけではなくて、ホヤ、カキ、ウニといった生のものの匂いも毎日のようにかぎ、生活は海とともにあったといってよいと思います。

一九六〇年五月二十三日、日本の裏側のチリでマグニチュード九・五の地震が起きて、丸一日たったころに、私の住む街は津波に襲われました。私は五歳でした。叔父は祖母を背負って、叔母は姪や甥の手をつないで、みんなで裏山に駆けあがりました。山の上から見る海は、遠くの海からまるで生き物のようにヌメヌメと波が押し寄せて来て岸壁を越えて、海沿いの工場やお店をグルグル巻きにして、その建物の根っこを切りとってしまうと、またゆるゆると道沿いに進んで、切り取った家々やあちこちから奪い取って来たものを、山の裾野に集めると、いつの間にかまたヌルッと戻っていく、サンショウウオの化け物みたいな感じでした。

それにしても、地面が恐ろしく揺れて、それから津波が来るのではなくて、揺れもしないのに、遠いチリで起きた大きな地震の影響が、真裏にある東北の自分の港町にやってきて、たくさんの人が死んでしまう……そのことに、なんだか不思議な感覚を持ちました。

二〇一一年三月十一日、東日本大震災が起きました。私たちは、震災直後、手分けしてメンバーの安否の確認をしました。職場を流されて働き場を失った者、家屋を流された者、友人や親族の行方がわからない者……しかし、そのときは、生きていることだけがわかると安心して、余計なことは話さずにいました。そして、少したってからみんなで集まって思いを吐き出そう、ということになりました。四月三十日、集まれるメンバー二十人が集いました。仙台にいる者たちは、どんな目に遭ったか、東京、新潟、山梨、茨城からかけつけた仲間たちは、どんな思いでいたかを、語りあったのです。

遠くの仲間たちが、元気な私たちを見て泣く姿を見て、仙台の私たちも泣きました。思ってくれているあたたかさに泣いたのです。震災の最中にいて悲しかったこと、苦しかったことを話しながら思わず涙があふれてくる仲間もいました。私たちはこのとき、声に出して話すこと、涙を流すことの大切さをしみじみ感じました。

こうしてメンバーは集まって励まし合いました。しかし、みんなどこかで、もう「シェイクスピア・カンパニー」はこれまで……と思い、今、たとえここで終わっても誰にもとがめられることはないだろうと、考えていたと思います。立ちあがると言っても、立つ地盤が崩れているわけですから、立ちあがったのは気持ちだけでした。立ちあがろうとするのだけれども、地面が泥沼のようで、立ちあがれない……そんな風でした。

「いまさら芝居なんかふざけている」という思いも、私たちの頭から消し去ることはできませんでした。日々の生活でせいいっぱいなのです。しかし、それでも少しずつ、「立ちあがって芝居を」という思いが、天から降ってきた救助の網のように思われて、ひっぱられていく感じがありました。そして、私たちはやめなかった。みんな打ちひしがれていたのに、やめなかった。立ち上がらせたのは、私たちの内側の力からではなくて外の力です。まず、私がこの本の冒頭で語ったおばあちゃんの「やめねで」という声、そしてさらに遠くからの声でした。

ネットがやっとつながったパソコンに届いていたのは、イギリス、アメリカ、イタリア、チリ、ドイツ、インド、スペイン、デンマーク、ノルウェー、フィリピン、インドネシア、中国、韓国……文字通り世界中からのメールでした。安否を気遣い、励ますメールでした。

彼らは、ニュース映像に映し出された日本の東北の悲惨な光景を目にしたと同時に、初めて生の東北の言葉を聞いたのです。そして、その言葉の音に、やさしさやあたたかみを感じてくれ、「あれが君たちの故郷の声か！」と感動してくれたのです。私たちの「劇場建設運動」を知っている彼らが、「今こそ劇場を東北に建てるとき、復興のシンボルにもなるように！」と書いてくれているのを読みながら、鳥肌がたったのを覚えています。

新しいロミオとジュリエット

二〇一一年の夏、私は友人と「カンパニー」誕生の地、旗揚げ公演の場所だった福島県の「ブリティッシュヒルズ」を訪れました。しかし、かつてあれほどにぎわっていた「ブリティッシュヒルズ」にいたのは、そのとき訪れた私たちだけでした。支配人の方は、「このままこの状態が続けばここはありません」と悲痛な声をあげていました。ディナーをいただいているあいだ、私たちは、贅沢なことに六人の外国人スタッフに囲まれていました。「お客さんがいらっしゃらなくても、従業員を解雇するわけにはいきませんから、がんばります」という支配人の言葉に胸が熱くなりました。すると、古参の外国人のひとりが、十六年前この館のこけら落としの公演として上演された『ロミオとジュリエット』の話を自慢げに話してくれました。

その夜、私はひとりマナーハウスの前の広場にあるシェイクスピアの銅像に会いに行きました。気がつけば自然に語りかけていました。まず英語で、それから、仙台なまりで「ごぶさたしてます。その節は、ほんとにお世話になりました」。見上げれば満天の星。そうしたら聞こえたのです。幻聴のように「なんだや、まだ来てけだらいっちゃ（また来てよ）」。部屋に戻りながら、「『ロミオとジュリエット』をやろう！」と確信しました。そして、福島に恩返しをしよう！　こんなに遠くまで私たちを連れてきてくれた東北のみなさんに恩返しをしよう！　と思ったのです。

思い切って若い劇団員を募ることにしました。手分けして、いくつかの高校をまわって校長先生にお会いして「ジュリエット集まれ！」と記されたチラシを配ってくれるようにお願いしました。地元の河北新報社が募集の記事を載せて応援してくれました。『ロミオとジュリエット』という名前の力は想像以上にすごく、オーディションが行われた日、たくさんの若者たちが集まってきました。しかし、不思議なものです、一見してすぐに、ロミオはいるけれども、ジュリエットはいないことがわかったのです。そう思った人がもうひとりいました。「WOWOW」のプロデューサーです。私たちの再起を耳にして、わざわざ取材のために仙台に駆けつけてくれた彼女との再会は喜びでしたが、劇団のメンバーはたった四人だけになり、彼女も今の私たちを撮ることに難しさを感じたはずです。しかし、彼女は直感で私たちを九ヵ月間取材する途方もない企画を通していたのです。

ジュリエットを探せ！　これが、最初の仕事でした。オーディションは終わりましたが、結果発表まであと一週間というときに、高校教師であるメンバーが「去年、高校演劇コンテストで見た生徒がいるのだけれども、彼女にはなにかがあるから、まだ遅くなければぜひ会ってほしい」という知らせをくれたのです。まさに彼女に会おうとしたその日、ディレクターがカメラを回しはじめました。待ち合わせの場所に立って、十メートル先にたたずむ彼女を見て私は、『カンパニー』は始まりますよ！」と言うと、ディレクターも「そうですね！」と微笑みました。ジュリエット発見です！

脚本構想が動き出します。その最初の場を、私たちは女川町にしました。最も被害の大きい、そして震源地に近い所だったからです。女川の湊は見る影もなく、車から降りた私たちは足がすくみました。津波など来るはずもないのに、みんな思わず高台を確認。その無残な光景をまぶたの裏に焼きつけたまま、女川の森の奥にある追分温泉に向かいました。

追分温泉は被災者たちであふれていました。そこで宿の主人から耳にした次の言葉が、私たちがその後上演することになる『温泉三部作』のヒントになりました。

「みなさん、ここに着いたときは、なんにも話さず無表情でした。しかし、温泉に入ると声が出はじめて、笑い声が聞こえて、表情が豊かになるんです」。

私は、震災後すぐの石巻市の小学校での一コマを思い出していました。慰問に来てほしいと言われて、すぐ集まってくれたメンバーと私は、そこの体育館の支援物資が積み上げられた舞台の袖で、小さなリハーサルをしていました。四人でなにをしようかと考えて一致したのが『温泉旅館のお気に召すまま』でした。理由は、読んでいて気持ちがほっこりするから、です。三人の役者が、温泉に入っている場面を読んでいると、ふたりの小学生がいつの間にかその光景をのぞいていました。私は、そのふたりのそばに立っていましたから、ふたりのつぶやきも表情もよくわかったのです。「おもせな～！（おもしろいな～）」と、目をキラキラさせて見つめて、ふたりでじゃれあいながら、大笑いしてくれたのです。たった五分ほどの短い時間でした。結局、担当者の手違いで本番はなく六時間待機していただけで、帰ってきました。しかし、私たちは、あのふたりの小学生が喜んでくれたことに十分に満足していました。

被災地公演

これまでの私たちは、一度「カンパニー」のメンバーになると、転勤しても結婚しても、いつまでもメンバーでした。ですから、今回はお芝居には出ないけれども、公演のときはお手伝いする、あるいは遠くからでもやれる劇団の機関誌の編集の仕事をするという風でした。私たちは、ずっと曖昧でぼんやりした集団です。だから、離れていてもまたずっと一緒にいたように戻ってこられたのです。

しかし、震災後は、そうはいかないことがわかりました。集まって手伝える人がいない。今年はやれるけれども来年はわからない、あるいは、来年はいない。これまでは、お芝居を終えるとお休みで、次のお芝居に平行移動でした。しかし、これからは、ひとつのお芝居を終えたら解散です。被災地をめぐって、恩返しをしよう！　と再起した私たちが、「今年は来ましたが、来年はわかりません」では、だめだと思いました。せめて、三年はがんばろう。そのころには、きっとみなさんが立ち上がっているだろう。そこで、「三部作」という発想が生まれたのです。三つの作品の頭に「新」とつけることにしました。シェイクスピアの原作に逆らって、私たちの願いを込めた結末にしているからです。

私が死んだような仙台の街で出会ったおばあちゃんから頼まれたのは「短くて、悲しくない」シェイクスピアでした。ですから、それは私たちの金科玉条。そしてさらにコンセプトを固めていったのです。「シェイクスピアの時代がそうであったように、セットを使わない言葉だけの舞台にする。言葉のご馳走を届ける気持ちで創り、お金はかけない。だから豪華弁当じゃなくて、塩むすびとたくあん二切れのような舞台」。そして、私たちは、今、求められているのは、まさに温泉のようなお芝居なのではないか、それならば舞台設定は温泉だ、そして時代はのどかだった昭和三十年代だ、ということになったのです。メンバーの想像力は、瞬く間に、『ロミオとジュリエット』の冒頭の一節「美しい花の都のヴェローナのふたつの名家」を「舌奈《べろな》温泉の国際観光ホテルベローナと名湯舌奈旅館」に、ロミオ・モンタギューは門太露未緒《もんたろみお》、ジュリエット・キャピュレットは河富樹里《かふじゅり》に換えていきました。

本来ならば二時間半はかかる舞台を七十分に短縮。そして、主人公の二人は死なせない。じゃあ、どうやって終わらせるのか？　原作では、古くから対立するふたつの名門の家モンタギューとキャピュレットを和解させようとするのは、ロレンスというカトリックの修道士です。みんなで七転八倒しながら、神父は東北の山間部ならではの存在であるマタギという人物にたどり着くのです。

私たちの温泉場のイメージは、いつも鳴子温泉です。東鳴子を中心として、川渡、鳴子、鬼首など鳴子温泉郷全体がドラマのモデルとなりました。そして、ここからは私一人で書かなければならないわけです。しかし、マタギを見たことがないのに、マタギを書けるはずがない……ということで、現実のマタギにお会いすることができました。雪に覆われた山に入ると無口になって、黙々と歩くだけ。スガ（氷柱）を折って食べながら、これが貴重な水だと。かんじきを履かせられての山歩きには、ほんとうに骨が折れました。山を下りると、クマの肉をご駆走になりながら、「これ、けっから（あげるよ）」と手のひらに乗せてくれたのが、金色の空やっきょうでした。「これで、クマには聞こえない、仲間にしか聞こえない合図の音ば出すんだ」。なんと、この空やっきょうが、『新ロミオとジュリエット』の世界を創っていく軸になるのです。

被災地公演。一見、たやすいことのように思われますが、現実はそうではありません。私たちが再起を決意した動機には「恩返し」という思いがありました。そして、これまで見てくれた東北のみなさんに無料で「塩むすびとたくあん二切れ」を贈ろうと考えていました。オーディションを行ったとき、決まっていた公演地は仙台市・塩竈市・鳴子温泉・松山の四ヵ所だけで、沿岸部の小さな湊での公演は一切白紙の状態にありました。その白紙に最初の絵を描いてくれたのが、「一ノ蔵」のマーケティング部の方の次の言葉です。

「東京からスターのボランティアの方が来ると、真っ先に彼らを取り囲むのは、東京から追っかけてやってきた、お化粧をしてきれいな格好をした女性たちで、その後ろに汚い格好の私たちがいるという風です。そして、冬こそ励ましが必要なのに、寒いので人も来ません。『シェイクスピア・カンパニー』の若い人たちが、そんなときに来てくれたら、お年寄りの人たちは特に喜ぶと思います。ぜひ行ってください」。

ステージ・マネージャーには「自分たちのような無名の者が、被災地に行って公演するというのは、自己満足でしかないのじゃないか？」というためらいがありました。そして、それは私たち全員のためらいでもありました。私たちは被災地公演を〈公演の前の宣伝・公演・地域の人たちとの交流会〉の三つと考えていましたから、求められるエネルギーは明らかにこれまでの公演以上のものです。ですから、被災地公演を実現するためには、今、「カンパニー」に集う若者たちのあふれる若さと正義感が必要でした。

劇団員ひとりひとりのつながりで、女川町、南三陸町、石巻市、山元町、いわき市など、みるみる新しい公演地が決まっていきました。最初の湊の公演会場が「石巻市総合福祉会館みなと荘」に決まると、たちまち宣伝部隊が結成されました。

二〇一二年十一月十七日の初演まで二度石巻に足を運び、毎回三〇〇枚のビラを配りました。宣伝部隊は二手に分かれ、それぞれ一〇〇軒の仮設住宅を回るのです。朝出発して配りおわるころには陽が落ちていました。普通のビラ配りにそんなに時間はかかりません。一軒一軒まわる中で、孫のような劇団員を見て、お茶を出してくれたりご飯を食べさせてくれたり、アルバムを見せてくれたり、若いときの話をしてくれたりする方がいて、五時間も六時間もかかるのです。あるメンバーは「こうして足を運んでみるまでは、仮設に住んでいる人たちは悲しみに沈んでいるんだろうと思っていましたが、みなさん笑顔で迎えてくださって、かえって勇気を与えられました」と振り返り、「行く前までは、どういう顔で接していいのかわからなくて憂鬱でしたが、どこの誰とも知らない私たちをあたたかく迎えてくれて、話してみるととても明るいんです。ですから、帰るときには朗らかな気分でした」と語るメンバーもいました。

東北のジュリエット

シェイクスピアと聞いて、それなら見に行こうという人はまずいません。『ロミオとジュリエット』と耳にして、ああ聞いたことがある、若い人の、純愛の、場合によっては心中の話、とまでは想像してもらえますが、たとえ無料であっても、寒い冬にわざわざ外出してまで見に行こうとは思わない、家でテレビでも見ていたほうがいいのです。それにもかかわらず、石巻市公演には七十人に及ぶお客さんが来てくれました。それは、お芝居に興味があったからではなくて、宣伝に来てくれた役者たちに「行ぐがらね」と約束したからです。役者たちは、そう言ったお客さんが来てくれたことに、励まされて舞台に立ちました。役者たちの演技はこちこちでしたが、目に見えない氷が少しずつ溶けている感覚がありました。

公演が始まりました。セーラー服のジュリエットと学生服のロミオの初々しさは、たくさんの人たちの心を魅了していきます。とりわけ、有名なバルコニー・シーンのロミオの「うれしくて、死んでもいい」というせりふに対して、ジュリエットが「死なねで、生ぎで、ずっと生ぎで」と切なく訴える場面では、お客さんは微動だにせずに見入っていました。

会場の後ろにはお茶やお菓子を準備していて、公演が終わると、役者たちとお客さんとの交流会になりました。あちこちから笑い声が聞こえました。宣伝に一役買ってくれたおばあちゃんは、「笑わせでもらって、うんと元気もらいました」と若者たちに声をかけてくれ、みんななによりのごほうびをいただいたような顔をしていました。

石巻市に続く湊の女川町は、私たちの『新ロミオとジュリエット』の構想が始まったところですから、とりわけ意味深い公演地です。公演前日のことです。集会所に着くと、買い物キャリアーを両手でつかんで立っているおばあちゃんが、「わげしたず（若い人）来るっていうがら、いず来るがいず来るがど思って、待ってだんだげんと……あんだだずすか？」問うのです。私の後ろに現れた若者たちを見て、うれしそうに「んだすぺ～（そうでしょう～）」。おばあちゃんに「今晩は、ここでみなさんと交流会をしますから、ぜひどうぞ」と言って、みんなで集会所に入りました。

みんなで味噌野菜鍋の準備をしおわったころには、とっぷりと日が暮れていました。私は、あのおばあちゃんのことが気になって、区長さんに住所をうかがって訪ねてみました。歩いてほんの五分くらいのところにおばあちゃんの家がありました。いくら呼び鈴を押しても返事がないので、失礼をして玄関の扉を引くと、おばあちゃんがこたつに入ってこっくりこっくり居

第10回公演『新ロミオとジュリエット』
（2012～2013年）

眠りをしているのが見えました。「おばあちゃん」と声をかけると驚いて目を覚まして、でも私の顔を見ると恥ずかしそうに「行ごうがな、どうすっかなど思ってだら、ねむかげすてすまって（眠ってしまって）、まず」。「迎えにきたんですよ」と言うと、立ち上がって、一緒に来てくれました。道すがらソワソワし出したので、「どうしましたか？」とたずねると、「ごっつおになんのに（ご馳走になるのに）、なんにも持だねで来てすまって、まずこれ」。私は「ほんとに、みなさんで一緒にいただくのですから、気にしないで」。

集会所の二階に並べられたコの字型のテーブルで、おばあちゃんは主賓席に座らされました。若者たちに囲まれて紅潮して、緊張しているのがわかりましたが、区長さんや私のご挨拶の後に、おばあちゃんをご紹介すると、「なんにも持ってこないではずがしいので、せめで、ちょねん（去年）習った歌っこをへだなんだげんと歌わせでいだだぎます」と言うや、メドレーで三曲も歌をうたってくれたのです。私はおばあちゃんの手をとって家までお送りしました。歩いていると立ち止まっておばあちゃんは「今日は、ほんとにもったいないくれな、しあわせをいだだぎまして、ありがとうございます」と丁寧に頭を下げました。そして、おばあちゃんは、おじいちゃんと湊の前で小さなお店を営んでいたけれども、津波でおじいちゃんと一緒に全部流されてしまった……と話してくれました。夜空には星がきらきら輝いていました。

翌日、おばあちゃんの家から公演会場までは遠いので、劇団の者が送り迎えをすることになりました。どうしてもおばあちゃんにお芝居を見てほしかったからです。会場は、小学校の体育館でした。そこには一〇〇人を越えるお客さんが来てくれました。後ろで見ている私にはわからなかったのですが、役者たちには、お客さんが、うなずいたり微笑んだり笑ったり涙ぐんだりしていることがわかったのです。ジュリエットの従兄のティボルトならぬ金時《きんとき》建設の御曹司、千《ち》房琉《ぼうる》人《と》を演じた役者は、石巻公演のときに体調の悪いのを押して来てくれて、涙を流して喜んでくれたおじいちゃんが、同じお芝居なのに「あんだに会いたがった」と言って七人も友達を連れてわざわざ女川まで車で見に来てくれたのを知って、何百軒と回った疲れがいっぺんに吹っ飛んで本当にやっていてよかったと、そしてまた必ず来ると、目を輝かせていました。

　私は、私のおばあちゃんに近づいて「なじょだったべ？（どうでしたか）」とたずねると、涙をふきながら「おら、ぜんぶわがったおん（わかりました）」と誇らしげに言うので、私が「いがった〜」と大声で言うと、恥ずかしそうに「亡ぐなったじいちゃんの若《わ》げどぎのごど思い出すてすまって……おらもじいちゃんのジリエットだったんだべか〜」。私は思わず泣きそうになりながら、「んだよ、おじいちゃんがロミオ、おばあちゃんはジュリエットだっちゃ！」と言い、二人で笑いました。忘れられない愛おしい時間でした。

　おばあちゃんが、「おら、ぜんぶわがったおん」と言ったときのうれしさは格別でした。なぜかと言えば、私たちが『マクベス』や『ハムレット』や『オセロ』といった悲劇を上演したときに、あちこちから「方言が難しい、わからない」という批判を耳にするようになっていたからです。この『新ロミオとジュリエット』もまさに東北弁九割の濃度だったのですが、それにもかかわらず、おばあちゃんに胸を張って「おら、ぜんぶわがったおん」と言われたのが感激だったのです。

そして、あたりまえのことに気がつきました。私は湊の生まれで、おばあちゃんとおんなじ言葉を使っていると。私たちの劇団は、東北の大都会仙台をベースにして活動し、湊ではない東北の街々をめぐり、東京に行き、さらに海を渡ってイギリスにまで行き、気がつけば湊に背を向けてきたのです。自分たちの言葉の故郷からどんどん離れて行った、私たちを思いました。そして、やっと戻ってきたと思いました。

観客に近づく役者

しかし、女川公演の帰りの車の中で、同行してくれていた「WOWOW」のプロデューサーがこうつぶやきました。「みんなすごくいいのに、なにか歯がゆさがあるんですよ。下館さん、もっと役者とお客さんの距離が縮まりませんか?」。私は、彼女の言おうとしていることがよくわかりましたが、どうしたら役者とお客さんのあいだにある壁のようなものを取り除けるのか、わかりませんでした。それは、言うまでもなく役者の技量の問題ともかかわっていますから、一朝一夕ではどうにもなりません。ひらめいたのは、空間に役者を変えてもらおうということです。次の山元町の中央公民館はとても広いので、それだけで役者が委縮してしまいかねません。思い切って舞台・観客席という構造を排して、まるで相撲の土俵のように観客が舞台を取り囲む、小さな円形舞台に変えたのです。

今みんなは熱い。打てば響き、打てば変わるのです。役者に、アイコンタクトとせりふを言うことは一つであると伝えました。円形になることで立ち方の難しさは生まれますが、数回の稽古で克服しました。漠然とした観客全体ではなくて、「ひとりのお客さんをつかまえて、それも目をしっかり見て話す、そして、せりふを届ける」ことを役者たちに語ったのです。すると、二〇〇人に及ぶお客さんに囲まれた山元町公演では、観客から声が出はじめました。笑い声、拍手、ため息、泣き声！　私は、若者たちの渾身《こんしん》の演技が、思いが、お客さんの心と初めてひとつになったような気がしました。お芝居が終わっても、みなさん客席をなかなか離れず懸命にアンケートに言葉を記してくれました。帰り際、涙をボロボロ流して声をつまらせながら「ありがとうございました」と言って深々と頭を下げてくださったお母さん、役者の手を握って「生ぎる力をいだだぎました」と満面の笑みのおばあちゃん……役者もスタッフも、「まだ来てけさいん」と言うことばに「はい！」とうれしそうに答える姿が、会場のあちこちで見られました。もう来年は来られるかどうかわからないのではだめなのです。また来る。続く。これが私たちにできる一番のことなのです。

「WOWOW」のカメラは、いつも私たちのそばにありました。もちろん、最初のころは、誰もがカメラを向けられることに恥ずかしさととまどいがあって、自分たちが不特定多数の人にさらされるかもしれないことに少なからず抵抗を感じていたと思います。公演やなにか特別な時だけでなく、ディレクターはいつも私たちのそばにいました。稽古の時はもちろん、ラーメンを食べているときも、お酒を飲んで真っ赤になっているときも、口論をしているときも。ですから、みんなはカメラの存在を忘れて自然な顔で、自然な声で、そのそばにいるようになったのです。なんでもない私たちは、見つめられることで、なにかになれるかもしれない、ただの雑草ではなくて、花を咲かせられるかもしれない、という幻想を持つことができたような気がするのです。そして九ヵ月に及ぶ取材は、『太平洋に捧げるシェイクスピア』という素晴らしいドキュメンタリーになります。

旅の終着点

『新ロミオとジュリエット』という小さな船の終着点は東京でした。旅をするうちに、私たちが東北の湊を歩いた物語の一部始終を、東北の外に住む人たちに伝えたい、いや伝えなければならないと思いはじめたからです。

震災直後、世界中からメッセージをいただきました。そして、もちろん、日本からも私たちを案じるメールをいただきました。そして、震災から少したって届いたメールから伝わってきた声の多くは、はがゆい思いです。支援物資を送る、義援金を送る、ボランティア活動をする。たくさんの人たちが行動を起こして動いているのに、なにもしていない、どうしてよいかわからない。なにかを送ってそれがほんとうに求めている人に手に届くのだろうか? そんな思いで悶々《もんもん》としているうちに時間がたって結局なにもしないで、思っているだけの自分を情けなく思う……。

私は、イギリスのロマン派の詩人ジョン・キーツの詩の一節を思い出していました。詩の心を持っている人たちは、悲惨さを思って眠れなくなる、そういう思いだけで尊いのだとキーツは言っています。私たちの芝居は、苦しんで泣いてきた湊の人たちの汗と涙でにじんだ「塩むすびとたくあん二切れ」だ。それを東京に届けよう。そして今、湊はどうなのかを伝えようと東京公演の意思が固まったのです。

さて、東京に住む、大学時代からの親友に東京行きの話をすると、間を置かず「實相寺《じっそうじ》だな。

いいぞ」。これで決まりです。實相寺は大田区池上にあって、瀟洒《しょうしゃ》な門をくぐって玄関の前に立つと、大きなガラス窓の向こうに梅の庭が見えるのです。右手に行くと本堂に行く途中に大広間があって、そこには見事な壁画があります。

二〇一三年の元旦のＮＨＫのラジオ番組では、「シェイクスピア・カンパニー」へのインタビューが八十分間に及んで行われました。その効果は絶大で、三回の公演は春の大嵐にもかかわらず連日超満員の大盛況でした。私たちが心がけたのは、旅をしてきた湊の空気をそっくり東京のみなさんに届けることでしたが、お客さんは、笑い、涙するのを待っているかのようで、それは想像をはるかに越えた素晴らしい、役者とお客さんの時間でした。後ろに立ちながら、この『新ロミオとジュリエット』の通ってきた時間がすべてここで凝縮されて、滴のようになって、あたたかいお客さんたちの手のひらに落ちているようでした。

そして、被災地と同じように、初演の公演の後には宴会が開かれて、一五〇人を越えるお客さんが残って、役者たちと話をしてくれました。

東京への往復はバスでした。バスに揺られながら、修学旅行の中学生のようにはしゃいでいる若者たちを見ながら、思いました。東京のあの強風豪雨にもかかわらず、四〇〇名に及ぶお客さんが来てくださったのは、シェイクスピアのためでも私たちのためでもなく、東北のためだったのではないかと。そして、人のやさしさを改めて感じていました。

振り返れば、思いだけで走ってきた二年でした。『新ロミオとジュリエット』のプロダクションは東京公演をもって解散のはずでした。これまでとは違いますから、新しい年度に入れば、みんなそれぞれ将来のための予定があります。ですから、次の作品のオーディションに集まるメンバーの中には、今ここにいるものがひとりもいない可能性があるということです。

実は、予定では二〇一三年三月十日に福島県いわき市の小学校で公演が行われるはずでした。そのために私たちは二度、往復五時間をかけていわき市に行ったのです。ところが、現地の関係者から直前になって、その日は震災の追悼式などたくさんの催し物が予定されているので、日程を変更してほしいという連絡が入ったのです。平常時ならば、こんなことは起こりえなかったはずです。私たちも確認をすべきでした。

二〇一二年三月に走りはじめてから丸々一年間、プロダクションに参加したすべてのメンバーは、全力疾走を余儀なくされました。被災地での公演場所探しと打ち合わせ、被災地でのビラ配り、被災地の宿泊施設は工事関係者でいっぱいでしたから、無料で寝泊まりできる場、寝袋、石油ストーブ、灯油、コンビニのおにぎりの確保。車を持っている四十代以上は運転手、十代、二十代はビラ配り……しかし、学生は授業をかかえながら、社会人は仕事をかかえながらでしたから、初めのころは使命感のようなものが疲れを感じさせなかったのですが、回を重ねるごとに、全員が疲弊していきました。

使命感と疲労感が衝突したのが、いわき公演の是非を問う会でした。私を含めた多数は中止に傾いていいました。それは、四月以降に日程変更となれば参加できなくなる役者が出てくることと、さらにプロモーションのし直しへの徒労感からでした。しかし、私の姿勢を猛然と批判した役者たちがいました。「恩返しの筆頭にあったのは福島ではなかったか。それをなぜ今やすやすと翻すのか」。「ビラ配りをしていたら、おばあちゃんが、『楽しみにしてっからね』と私に言うのです」。

「たったひとりのおばあちゃんじゃないか。そのおばあちゃんが来るかどうかわからないじゃないか」という声は誰からもあがりませんでした。結局、私たちはキャンセルされた公演の日に、来るかもしれないお客さんにおわびをするためだけに、いわき市に行きました。そして、「なんとしても福島で」という若者たちの熱い声に押されて四月二十八日に公演を決行したのです。私たちは、五十四名のお客さんに見守られながら、ようやく『新ロミオとジュリエット』の幕を下ろすことができました。

「リアすす」

震災後の「新三部作」構想は、『新ロミオとジュリエット』『新リア王』『新ベニスの商人』でした。『リア王』は、年老いた古代ブリテン王国の王が、三人の娘たちに財産を分け与えるところから始まる、重厚なドラマです。娘たちに裏切られていくリア王の悲しみは深く、その終焉はつらく、四大悲劇の中で、私が最も手ごわいと考えていました。

ある日、強行軍だった『新ロミオとジュリエット』の旅にしばしば連れて行かざるをえなかった娘たちへのごほうびに、寿司屋に行きました。そこで、カウンターに座り、いなせな寿司屋さんの握りぶりを見ながら、ふと娘たちに聞いてみたのです。「ハムレット、リア、オセロ、マクベスの中で、寿司が似合いそうな名前はなにかな?」。娘たちが一生懸命に考えていると、私の右隣に座っていた赤ら顔のおじさんが「そりゃ、リアすす(すし)だべな~」(東北弁で「シ」は「ス」になる)。すると、娘たちも「ん! リア寿司!」。その場で、リア王と寿司屋が結びついたわけではなかったのですが、後日脚本メンバーの菅原と取材に行ったお寿司屋で、親方と話をしているうちアイデアが浮かんだのです。

「東京で修行なさってて、なにがおもしろかったの?」

「せりですね。市場のせりの声を聞いて、こりゃいい~って」

「せり?」

私は、この「せり」という言葉で、いてもたってもいられなくなったのを覚えています。その場で、菅原に「リア王は寿司屋の親方だよ！」と言うと、丸山さんと鹿又に電話を入れて、間もなく私たちは、寿司のメッカ塩竈で脚本構想会議を開くことになりました。場所は、寿司店のカウンターです。寿司を握るリア王の末娘のコーディリア！　私の耳の奥では、あの赤ら顔のおじさんが大きな声で言った「リアすす」が響いていました。

「ドーバー海峡の断崖絶壁はリアス式海岸だ」「すると、ブリテン島は三陸海岸」「コーディリアが行くフランスは温泉」「そうしたら、三部作の舞台を温泉で統一したらいいですよ」「『新ロミオとジュリエット』を見た人は、ああ！って、思う」。われわれは、親方に魚のこと、シャリのこと、握りのことなど寿司の様々を教えてもらいながら、あっという間に「リア寿司ワールド」ができあがっていきました。もちろん、冒頭のシーンは魚市場のせりです！

なぜ演劇なのか？

私たちの仲間になったときに大学生だったある役者は、『新リア王』の旅が始まったときはすでに大学を卒業していました。新たなプロダクションで陣頭指揮に立った彼はこう語っています。

「二〇一三年、ふたたび被災地を回りはじめました。被災地は数多く、公演場所の選定に苦渋しました。抱える思いとしてあったのは『まだ来てけさいん』という言葉に応えたいということだけでした。被災地は刻一刻と変化していました。行政による復興は遅々たるもので景観が大きく変わることはありませんでしたが、仮設住宅に暮らす人々は随分減りました。余力のある人は積極的に新たな地へ住まいを求めていきました」。

この役者が「苦渋」と言っているのは、私たちの旅のうわさが人から人に伝わって、あちこちから、とてもうれしいことに、「おらほうさも（私たちのところにも）来てけさいん」という声をかけていただくようになったからです。『新ロミオとジュリエット』の公演は十一ヵ所でした。そこで、みんなは「まだ来てけさいん」と言われ、「まだ来っからね」と約束して別れています。ですから、約束は守りたい。しかし、新たに求められているところにも行きたい。対立したのは「同じところにばかり行くのはフェアじゃない。ほかに見たいと思ってくれている人がいるならばそれに応えるべきだ」という考えと「フェアになろうとするよりも、約束を守るべきだ」という考えでした。妥協案は、「約束を守りながら、わずかだけれども新たな場所を加える」でした。しかし、また「それでは、新たな場所はどう選ぶのか」で喧々諤々《けんけんがくがく》の議論になるのです。私は度々の議論に疲れを覚えながらも、彼らを熱くしているものは、彼らが出会った人たちの笑顔や涙を通して感じたあたたかさなのだと思い、この若者たちと舞台を創って旅をしていることに、誇りを感じていました。

被災地をめぐりながら気がついたことがあります。それは、被災地のみなさんが、地元の人しかいない荒廃したところに、遠くからよその人が来ることを喜んでいるということです。

私は、東北大学の先生から要請を受けて、二〇〇〇年から「芸術の世界—演劇の魅力」という講座を開き、座学ではない授業を展開してきました。一期生は十数人でした。その後、少しずつ増えてはいきましたが、せいぜい三十数名でしたから、大学のキャンパスの至る所を利用して演劇のワークショップをすることができました。しかし、震災後二〇一一年に異変が起こります。教室に行くために階段をあがって二階のフロアに着くと、廊下に学生があふれているのです。人をかき分けながら教室に向かうと、あふれているのは私の教室からであることがわかりました。教壇に立って当惑をあらわに「みなさん、これは演劇の授業ですよ」と言うと、みんな静かにうなずくのです。それに対する私の反応は、「みんな、一体どうしたの?」と、いま思えば滑稽なものでした。学生たちが勘違いをして来ているかもしれないことと、この人数ではみんなを満足させる授業ができないことを理由に、大変厳しい授業であることを告げて減らす試みをしましたが、結局登録者数は二五〇人をくだりませんでした。「なぜ、いま演劇なのか?」と受講した学生たちにアンケートをとりました。すると、多くが「震災以来、人との触れ合いに興味を持った」という答えでした。演劇には、生身の人間同士が絡み合う鬱陶しさがあります。それが、震災を機に、逆に求められはじめたということでしょうか。

翌年も変わらぬ数の学生たちが集まりました。そして、その授業で大きな役割を果たしたのが、被災地をめぐってきた私たちの旅を記録してくれた「WOWOW」の『太平洋に捧げるシェイクスピア』でした。東北大学の学生は日本中から集まっています。アジアからの留学生もいます。彼らは、自分たちと同世代の若者たちがひとつのことに誠心誠意力を尽くして、凄惨な経験をした人たちを勇気づけている姿がリアルに映し出されている映像を見て、深く感動したのです。

私は、東北を学びの地として選んでやってきた学生たちに、被災地に足を運んでもらおうと考えるようになりました。そして、課外授業として、被災地公演ごとに学生のグループをつくり、私たちの公演の観客になってもらうことにしたのです。もちろん、料金は無料ですが、問題は交通費でした。南三陸町、女川町、塩竈市、山元町。最も遠い場所は南三陸町です。それも、遠ければ遠いほど足がなかったのです。道がなく危険ですから、学生たちに車の運転をさせるわけにもいきません。そこで、私は知り合いのタクシー会社の社長に腹を割って相談しました。すると、「よし、わかった」の一言で学生の被災地往復輸送に協力してくれることになったのです。

この学生の動員は、被災地のみなさんへの大きな応援になったことは言うまでもありませんが、学生たちにとっても、じかに被災地の人たちに触れ、被災地の現場の空気を感じることができた得がたい経験だったと思います。

笑いと涙の渦の中で

宮城県多賀城市に、「契りきな　かたみに袖を　しぼりつつ　末の松山　浪《なみ》こさじとは」という清少納言の父、清原元輔の歌で有名な松のある宝国寺があります。貞観地震でこんなところまで波が押し寄せてきたことを示すお寺でもあります。私たちは、そこを『新リア王』の新たな場所と決めて公演をしました。二〇一三年十二月の寒い夜でしたが、お寺の本堂には一〇〇人を超える老若男女がひしめいて、むせかえるようでした。

旅を始める前の役者たちの中には、恐怖に近いものがあったかもしれません。どれだけの人が来てくれるだろうか？　私たちのお芝居はわかってもらえるのだろうか？……そして、その不安は新人だけでなくベテランの役者たちの中にもあったと思います。それが、ひとつ舞台を終えるごとに消えていって、むしろお客さんの笑いと涙とともに、自信に変わっていくのが手に取るようにわかりました。

まるで自宅の茶の間でお芝居をやっているようなものですから、観客は役者に触れられるような気さえしたでしょう。標準語のせりふは大きな舞台で日常の大きさではない声に乗せられても不自然には響きません。しかし、天然の言葉である方言のせりふは、日常の声の大きさの中でこそ真実を響かせられるのです。リア王に寄り添っていた忠臣ケント役の役者は、目の前でボロボロと涙を流す観客の顔が見えたとき、自分の中にこれまでにない気迫が湧きあがってきたと語っています。

仙台公演の場所となるのは「能－BOX」です。「能－BOX」は、協同組合仙台卸商センター所有の倉庫を改修して、稽古用能舞台を移築した施設です。仙台卸商センターのみなさんから支えていただいて、普段の稽古やリハーサルをすることが多かったこともあり、「能－BOX」が登場すると、私たちはその能舞台の持つ「神気」のようなものに魅せられ、そこで公演を続けています。

収容人数は一〇〇人と限定されています。三回の公演のはずが、チケットが瞬く間に売り切れたために追加公演をしました。

前年の『新ロミオとジュリエット』山元町公演の最後の挨拶になって、私は初めて、来年は『リア王』であることと、また来ることを約束しました。それ以前に言えなかったのは、自信がなかったからです。二〇一四年二月、その山元町に再びやってきました。しかし、南東北の湘南と言われる山元町は突然雪国になったのです。七十八年ぶりの大雪だそうです。公演中止は避けられないだろうと思われました。まず車が動かないのです。そして道がない。私たちは、前日に山元町に入っていましたので、いつでも公演ができる状態でしたが、やってくるお客さんの安全を考えて中止に傾いていました。しかし、劇団の携帯に電話が入るのです。一本、二本、三本……「少なくとも、三人は来る。やろう！」ということになりました。そして、みんなで会場前の雪かきを始めたのです。

午後二時の開演。なんと二十五人ものお客さんが来てくれました。雪に埋もれた車を出すのが大変だったはずなのに、道をなんとか通れても滑って危険だったはずなのにです。私たちには、本当にありがたいお客さんでした。

帰り際、去年見かけたおばあちゃんにお礼を言うと、「去年、まだ来ます、って言ってけだがら、なんぼしても来なくてはって思ったのしゃ。んでも、やっぱり来ていがった」と言われて、胸が熱くなりました。

山元町公演の次は、女川町を再訪しました。私は、真っ先にあのおばあちゃんをたずねましたが、風邪で寝込んでいて会えませんでした。

公演の前日に女川入りした私たちは、高台に設けられた仮設住宅を回りました。いくつかの部隊に分かれて一軒一軒。新人の役者と三女の羽永がペアになってチラシ配りをしていたとき

第 11 回公演『新リア王』（2013 ～ 2014 年）

に、「質問されたんですけど、うまく答えられませんでした」と悔しそうに言うので、「どんな質問？」と問うと、『『リア王が、どうして寿司屋さんなの？』って言われたので、なんて言ったらいいかわからなくてもじもじしてたら、シェイクスピアに失礼でしょ、って言われたんです』。横にいた羽永が「羽永は言おうと思ったんだけど、やめたの」と口を挟むので、「なんて言おうと思ったの？」と聞くと「パパは、シェイクスピアもお寿司も好きなんです。だからですって」。私も女優も思わず笑いました。

お芝居の最中に、羽永が後ろで見ていた私のところに駆け寄ってきて、不満そうにこう言うのです。「あの人来なかったよ。あんなこと言ったら絶対来なきゃね、パパ、そう思わない？」。私は「そうだね、でもきっとシェイクスピア好きなんだね、その人。来年は来るかも」と言いました。お芝居が終わると、役者たちが、それぞれ自分が声をかけたお客さんと、まるで孫とおばあちゃんのように話している光景が、そっちこっちで見られました。マネージャーをやりつつケント伯爵ならぬ親方の寿司職人を演じた役者は「昨日、『おらは見に行がねがらチラシはいらね』と言っていたおじいちゃんが来てくれました」とうれしそうでした。去年も来てくれた三人のおばあちゃんがそろって近づいて来てくれて、「来年のシェーキシピアなんだべ〜ってしゃべってだの」と言ってくれたとき、シェイクスピアさんが、私の横でほくそ笑んでこうささやいているような気がしました。「和巳君、みなさんが私の名前をやっと覚えてくれたじゃない。でもね、名前なんか知らなくたって、ともかくおもしろかった。それでいい」

寿司を握る公演

小学生の私は車の助手席に乗って父の仕事についてよく国道四十五号線を走りました。松島、石巻、渡波、女川、志津川、気仙沼……そしてそのずっと先に父の故郷の久慈市がありましたから、父の仕入れの旅は、まるでへその緒をたどって母のもとに近づくような特別なものだったように思われます。「ここまっすぐ行くど久慈だすけ」。くねくねと長い紐のような国道を北に走っていると、よく父がうれしそうにそうつぶやいていました。しかし、震災では、その地域のすべてが犠牲になってしまったのです。

『新リア王』の南三陸町公演の場は、昔の小学校を修復したなんとも懐かしい「さんさん館」になりました。さて、公演会場はどこにしようかと考える間もなく、ここしかないでしょうと決まったのが図書室という名のふつうの教室でした。建物が古いために、教室の真ん中にドーンと太い柱があります。五十人も入ればいっぱいです。

太い柱を、困ったなぁとなでていると、ロンドンの「グローブ座」の柱を邪魔だと言っていた高名な演出家に対して、ケンブリッジの恩師が言った言葉を思い出したのです。「ワナメイカーなら、こう言ったはずだ。『ここからシェイクスピアが生まれたんだから。これがいいんだって思ったところから、いいことが始まるんだよ』」。

するを途端に、その柱が神様のように見えはじめました。最初のシーンは魚市場。それじゃあ、この柱は、大マグロだ！　嵐のシーン。リア王と道化は、これにしがみついて雨風を表現する。ある観客にとっては確かに死角が多くなるけれどそれも人生、体の角度を変えて見ればいい。なんでもそうだ。邪魔だと思えば邪魔になり、おもしろがれば、それが魅力になる。小さな空間に、なんと八十人以上のお客さんが集まりました。びっしり、ぎゅうぎゅうです。狭いので、ストーブ一台と人の体温で十分にあったかい。おばあちゃんが笑う、その笑い声に安心して孫も笑う。子供たちが笑うと、みんなにその笑いが伝染する。たちまち笑いの渦になる。終わりに近い、全体の中では珍しくシリアスなシーンで、男に去られた次女役が声をあげて泣く。すると、その役者に触れられるほどの近さにいたおばあちゃんが、思わずなだめるように「泣がねでね」と声をかけたのです。一瞬の沈黙と爆笑。私たちの『リア王』はこうやって『新リア王』になったのです。

「さんさん館」の館長から、「新鮮なマグロ、カジキ、タコのネタとササニシキのシャリはこちらで準備しますから、公演終了後、ぜひお寿司を握ってほしい」という贅沢このうえない申し出がありました。役者は、みんな塩竈の寿司店の親方直伝で寿司の握り方を習っていますから、公演直後、みなさんに「そのまま隣の食堂にお移りください。役者がみんなで、お寿司を握ります」。

役者たちに私が加わって正面に並び、寿司を握りました。長蛇の列で大盛況でした。マグロとカジキとタコを注文して、さらに「イカとかホッキは?」と聞いてきたおじいさんに、来年準備しておきますよ、とこれまた調子のいいことを言うと「次は、寿司屋のなにっしゃ?」と聞かれて、こう言い直しました。「次は『ベニスの商人』ですが、寿司屋じゃないですね……楽しみにしていてください」。でも、毎回、こうしてご馳走つきの旅ができたらどんなにいいだろう! まことに贅沢な話だけれども、まじめに思ったのは私だけではないと思います。

観客も役者になる

私の故郷、塩竈市の被害は最小限に食い止められました。それは、松島湾に浮かぶ浦戸諸島が巨大な防潮堤の役割を果したからです。しかし、島の被害は甚大でした。

『新ロミオとジュリエット』では、震災後初めての大きな劇場で、三〇〇人を越えるお客さんの喝采を受けた私たちは、市長さんに来年は島で公演させてくださいとお願いしたのです。そして、市役所教育委員会の協力で浦戸諸島の桂島に会場と宿が決まりました。公演準備は塩竈市の職員の方々が本当に細やかに対応してくださったおかげで、とんとん拍子で進んでいきました。

そして、いよいよ桂島に渡りました。私たちがこの公演で大切にしたかったのは交流会でした。仮設の集会所に、おばあちゃん、おじいちゃん、お母さん、孫と十二人ほどの島の方たちが集まり、そこに私たち劇団員が加わって、お茶を飲んだり、お酒をいただいたりしました。島の海で採れたカキやノリやワカメのご馳走がたくさん振る舞われ、笑い声が十畳ほどの空間にあふれました。「こんな風に若い人たちの笑い声と、おばちゃんたちの笑い声が聞こえるのはいいいな」と心を砕いて世話をしてくれた区長さんは、ほんとうにうれしそうでした。

島にはボランティアやNPOやらを名乗る人たちがたくさんやってくるそうですが、島の人たちの純朴な気持ちが傷つけられることも多く、「よその人が来ることに警戒心が起きている」と聞きました。私たちが泊まった宿の女将さんは、「うちは奇跡的に被害が少なくて、見た目ではなにもなかったように見えるんです。そうしたら、遠くから来たお客さんが、がっかりしたって言うんです。それを聞いて、なにしに来たんだろうって、私たちのほうがかえってがっかりするんです」。

おばあちゃんたちから、被災の話をあえて聞いたりすることはしませんでした。しかし、お嫁に来たころの話や島の伝説のお話がされていくうちに自然に、震災のときどんなに大変だったかが語られるのです。でも最後はみんなで笑っている。みなさん前向きで明るくてたくましいのです。

会場は丘の上にある、廃校になった小学校です。島の人たちは体育館を準備してくれましたが、私たちのお芝居は小さい空間でのほうが真価を発揮することがだんだんわかってきたので、あえて保健室を選んで、島の人たちを驚かせました。翌日の公演は保健室に一〇〇名のお客さんがびっしりでした。ここで初めて経験したことがあります。それは、お客さんによる、せりふの繰り返しです。

リア王が「んだがもしゃねな〜（そうかもしれないね）」と言うと、仲よく並んだ三人くらいのおばちゃんが「んだがもしゃねな〜」と復唱するのです。長いせりふにも、三人そろって見事についてきます。自分たちのよく使う言葉が、お芝居の中で使われることに新鮮さを覚えるのでしょうか。私は、役者とお客さんの輪唱を聞いているようで、鳥肌が立ったのを覚えています。一〇〇人のお客さんがいれば、九十人のお客さんがアンケートを書いてくれます。それもびっしりです。それこそが、私たちの湊の公演の勲章です。

湊をめぐる二回目の旅の締めくくりは東京の實相寺でした。實相寺は今や東京のホームグラウンドです。たくさんのお客さんが、私たちを待ってくださいました。このときは、お芝居とともに、桂島のおばちゃんたちがつくったカキやワカメの商品を会場で売ることで、島のみなさんを応援することにしましたが、うれしいことに十分で完売でした。

子供たちに伝える

「温泉三部作」の最後になる作品は、『新ベニスの商人』です。原作の『ベニスの商人』はアントーニオというベニスの貿易商のことです。彼は親友のために、ユダヤ人シャイロックからお金を借ります。その条件は、期日通りに返済できない場合、違約金代わりに体の肉一ポンドを切り取られる、という話で、恋と結婚と人種差別がからんだ問題劇です。

原作ではシャイロックに救いはあまりありません。「悲しくない」芝居にするため、そのシャイロックを助けたい。私たちの『新ベニスの商人』に英語のタイトルをつけるとすれば"Saving Shylock（シャイロックを救う）"だ。そう思ったときに、江戸時代の東北を舞台にした脚本が見えたのです。それから一ヵ月もたたぬうちに、私を含めて五人の脚本構想担当が東鳴子温泉に集合。ベニスは松島をモデルにして「紅洲《べにす》」、アントーニオは仙台商人、シャイロックは近江商人「沙六《さろく》」、ポーシャは伊達家筆頭家老の長女、そして、原作の軸に『心中天網島』（近松門左衛門作）の紙屋治兵衛と遊女小春の物語が付加された『新ベニスの商人』が生まれます。『新ベニスの商人』は私たちが震災直後に掲げた「温泉三部作」の完結編です。『新ロミオとジュリエット』の舞台は昭和三十年代の舌奈《べろな》温泉、『新リア王』の舞台は昭和四十年代の三陸の寿司屋、そしてこの度は元禄時代の日本三景紅洲。この三つをつないでいるのは温泉です。リア王の末娘が勘当されて働いていたのは舌奈温泉、そして近江商人沙六の一人娘お鹿が家出して身を寄せるのも舌奈温泉なのです。

二〇一五年の被災地は大きく変化しつつありました。これまで、仮設住宅に身を寄せ合っていた人たちは、動けずにそこにとどまっている人たち、もうじき新しい住居に移ろうとしている人たち、すでに新しい土地で生活を始めている人たちに分かれていきました。もちろん、私たちは去年と同じように被災地をめぐって宣伝をし、交流会の場を持ち、公演をし続けましたが、私たちはそろそろ役割を終えてもよいと感じながらの旅でした。それでも、「来年はなにやるの？」と待っていてくれるおばあちゃんたちに、なにか届けたいと思うのです。三部作の最後でしたが「もう終わりですよ」とは言えませんでした。ですから、劇団のメンバーは、みんな真心を込めてどんなお芝居をするかではなくて「遊びさくっからね」と言っていました。『新ベニスの商人』は、松山町酒ミュージアム、鳴子温泉「早稲田桟敷湯」、仙台市「能－B

OX」、南三陸町「さんさん館」、女川町、塩竈市桂島、名取市、山元町、そして再び仙台市「能‐BOX」、東京の實相寺と十ヵ所をめぐる長い旅になりました。アンケートから感想を拾い上げてみましょう。

「生きる勇気がわいた」「心がほっこりして温泉に入ってるようだった」「いつも聞いている会話のようでスッと入ってきた」「役者の方々ひとりひとりが想いを持って立って演技しているのがすごく伝わった」「おもしぇがったァ。まだ、見でえっちゃあ～」「とてもあたたかい春の陽気のようでした」。

震災後、「シェイクスピア・カンパニー」のメンバーでありながらも、お芝居には参加できない仲間が増えてきました。ですから、私たちが立てたプロジェクトを遂行するには、新しい仲間を募らなければいけません。これまでは、仲間になった人たちはずっと仲間だったのですが、それが震災以降はままならなくなりました。そこで、お芝居はできないけれども、お芝居に連なる活動のお手伝いがしたい、というメンバーのために誕生したのが、被災地の学校をめぐる〈東北弁のシェイクスピア〉ワークショップ事業です。二〇一三年一月～十二月にかけて行われました。

題材は、「シェイクスピア・カンパニー」のヒット作品『松島湾の夏の夜の夢』です。方言のせりふを話したり、ことばのイメージに集団で動きをつけたりというダイナミックなプロジェクトを展開しました。宮城県、福島県の小中学校をめぐり合計四〇〇名を越える生徒さんたちが体験しました。

生徒たちの家庭で、一番の方言の使い手はおばあちゃんです。そのおばあちゃんの言葉を、仲間たちとしゃべり合う新鮮な感覚。そしておばあちゃんの言葉が、とても遠いシェイクスピアとつながっている新しい感覚は、子供たちにとって実に刺激的だったようです。この試みには各学校も大変積極的で、継続して行われることが期待されています。私も何度か一緒にワークショップをしましたが、子供たちの想像力は素晴らしくて感激しました。生徒たちと一緒に給食を食べることもありました。子供たちがこれからの復興の鍵だと私たちは思っています。

脚本集出版と英日・日英翻訳国際会議

二〇一五年に、今までのお芝居をまとめた脚本集を出版することが決まりました。前年、女川で『リア王』を見たおばさんに言われた言葉がきっかけです。

「前の（『新ロミオとジュリエット』）見らいねがったんだげんと、読まいねのすか（読めないのですか）」。

私たちは脚本を出版することを考えなかったわけではないのですが、新しい作品の公演に追われているうちに、後回しにしにしていたのです。そう言われて、公演を見られない人たちのために脚本を何部かとっておこう。そのくらいにしか考えませんでした。方言で書かれたものを読んでもらう難しさも承知していました。

東京の親友にこの話をすると、幸運にも、出版への扉が開きました。今までのお芝居を『東北シェイクスピア脚本集』として、全十作をまとめることができたのです。このことで、私たちはにわかに忙しくなりました。『新べニスの商人』のいくつもの公演をかかえつつ、かねね「脚本集の出版は私たちにとっての悲願のひとつ」と訴えていたメンバーを編集長として、十二人による出版プロジェクトが編成されました。そして、ものすごい集中力とエネルギーをもって編集作業が進められていきました。

二〇一六年二〜三月に『東北シェイクスピア脚本集』全五巻がココ出版から上梓されました。そして、その冒頭の「刊行にあたって」には、私たちのコンセプトがこう記されています。

「ドラマの力の中心はことばです。（中略）脚本を担当してきた私は宮城県塩竈市の生まれですから、正確に言えば仙台弁領域の塩竈弁ですが、この脚本集に書かれているのは、塩竈弁を種にした東北の匂いのすることばです」

脚本集の出版の話が進むころのことです。カナダ人のリサ・ヒューさんから、二〇一五年二月に電話をいただきました。仙台にやって来た彼女は、私を見るや「覚えていらっしゃいますか？」。それからヒューさんが、ALT（外国語指導助手）として仙台に暮らしていた一九九六年に、浦戸諸島の野々島で見た『松島湾の夏の夜の夢』がどんなに感動的だったかを、まるで昨日のことのように話してくれたのです。「私の父は大のシェイクスピア・ファンで、小さいころ毎朝私たちにお芝居をやらせていたんです。ですから、たくさんのシェイクスピアを見てきました。でも、あんな衝撃的なシェイクスピアは見たことがありません！」そして、彼女が英日・日英翻訳国際会議の実行委員長で、二〇一六年六月に仙台市の仙台国際センターで開催される国際大会の基調講演者として私の講演と「シェイクスピア・カンパニー」の舞台を指名したいと語ってくれました。

リサ・ヒューさんはおよそ二十年の年月を飛び越えて未来にやってきた旅人のように思われました。私がその場でお引き受けできなかったのは、そのころまだ書き終えていない本をかかえていたことと、求められている四大悲劇の上演は不可能に近いと思われたからでした。私たちのひとつひとつのお芝居の主人公たちは全員異なる役者が演じているからです。大きな劇団であれば、スターの男優と女優がいて、その人たちがほとんどのお芝居の主役を演じますから、場合によっては二人か三人いればそれでことが済むのです。しかし、私たちの場合四大悲劇だけで演じる役者は八人です。それも、その八人は今や日本中に散っているのですから、予算もしかり、なによりその彼らを昔の芝居のために集めることは至難なのです。

マネージャーと私は、何度も話し合いを重ねましたが、「主宰の下館さんが役者ひとりひとりに電話をして主旨を説明し口説くしかない」というのが、彼の主張でした。うれしいことに、八人の役者全員が「役をもう一度自分に呼び戻すこと」を喜んでくれました。役者たちのリユニオンが決まったのです。私たちの時間も予算も限られていましたから、指定された十分間のシーンをそれぞれに練習して、全員がそろうリハーサルはたった一度だけでした。トップランナーの最新作『新ベニスの商人』に始まり『奥州幕末の破無礼』『新リア王』『アトゥイ・オセロ』そしてアンカーの『恐山の播部蘇』という上演順でした。会場は世界中から集まった日本語と英語の達人たちであふれ、みなさんは私のつたない講演によく笑っていただき、「再び呼び起こされた」登場人物を入魂で演じた役者たちは熱いスタンディング・オベイションをいただきました。

私たちは、『から騒ぎ』の公演から、公演会場に「グローブ座」の模型と小さな壺を設けて、劇場建設の募金を始めました。およそ二十年のあいだに、積もり積もってたくさんのお金が集まりました。そして、そこに新たに「素晴らしい舞台をありがとう！ ぜひ、私たちにも応援させてください」と国際会議からも募金をいただきました。

劇場建設の実現に向けて

脚本集が誕生した今、私たちは新しい場に立っています。崩壊した東北の街の再建のシンボルとして、みんなの劇場をいよいよ建てるときが来たと感じているからです。

一九九二年に「劇場を建てよう！」と私たちは集まりました。そして、その建設のためには、まずその劇場建設の軸となるシェイクスピアのおもしろさを、たくさんの人に知っていただこうじゃないか、となってお芝居創りを始めて、気がつけば宮城県から東北全県、東北から東京、そしてはるかイギリスまで旅をしていました。私たちは、公演ごとに募金を募ってきましたが、いつの間にか、メンバーの心は劇場を建てることから、お芝居を創って楽しんでいただくことに、向かっていたような気がします。

そして二〇一一年の東日本大震災は、私たちの生まれ育った故郷の沿岸部を襲います。そのことは、世界の目を、日本の東北に、太平洋に面した湊の人々に向けることになりました。そして、私たちのシェイクスピアの原点となった『松島湾の夏の夜の夢』から降りてきたような声が、英日・日英翻訳国際会議を通して、「いつまでもなにしてるの？　早く建てなさいよ」と私たちの肩を叩いているような気がしていたのは、仙台国際センターの舞台を踏んだ役者だけではありませんでした。あの日、様々な思いを胸に観客席にいた仲間たちも強く感じていたのです。

その翌月、「シェイクスピア・カンパニー」の初演作でロミオを演じた役者が音頭をとって「劇場を創るために今、しなければいけないこと」というテーマで話し合いが持たれ、改めて夢を、実現しなければならない夢を語り合いました。

劇場建設に向かう滑走路として、仙台の横丁の小さな一角に、「シェイクスピア・カンパニー・ライブラリー」を創って、世界中のシェイクスピアのアジアの拠点にしよう。その空間を、まるであの映画『ハリー・ポッター』に登場する魔法の学校のダンブルドア校長先生の部屋のようにするのです。薄暗く、壁はうずたかく積まれた本で天井までおおわれていて、テーブルからも椅子からも、ひとつひとつの置物からもイギリスの匂いがするような雰囲気に。猫の額ほどの小さな空間なのだけれども、ネットワークは世界中に張りめぐらされていて、世界のどこから仙台にやってきても、まずは「シェイクスピア・カンパニー・ライブラリー」を訪れたくなるようにします。会員だけが入れて、紅茶もビールも飲める。そこで、日本中のシェイクスピアの舞台の情報が手に入って、読書会や講演会やワークショップが定期的に開かれているような場所にするのです。

商店や学校、企業や自治体……みんなから募金を集め、そして、五年以内に仙台市の街のど真ん中に木造の和製「グローブ座」を建てよう。新幹線の窓から誰もが見られて、ぜひ仙台で降りて、行ってみようと思えるような、うっとりするほど美しい、やさしくて柔らかい劇場を建てよう。

友達に「自分が建てたんだよ」と自慢できるように、地面や建物に寄付してくれた人や団体の名前を刻みます。シェイクスピアは、イギリスを越えた世界人なのだから、シェイクスピアのお芝居だけでなく、どんなお芝居も演芸も受け入れる。街からも、湊からも、大都会からも、世界からも人がやってきて、思い思いのことをし、見ることを楽しみ、おいしいものを食べたり飲んだりできる、そんな夢の劇場にしよう。

そしていずれは、心だけでなく、身体も癒されていく場にしよう……！　私たちは今、その実現に向かいはじめています。

エピローグ

このささやかな本を書きおえて、心の中に浮かぶのは楽しかったこと、うれしかったことだけです。そしてそれらは、人との出会いから生みだされたものです。もう一つは、場との出会いです。ある場所のある空間。その空間があったからこそ、育まれたものがあるからです。

実は、「シェイクスピア・カンパニー」という、日本の東北の仙台に生まれ育った小さな集まりの始まりからこれまでを書くのに、丸々二年の時を費やしました。私たちは、シェイクスピアを海のようだと思ってきました。そして、この本のことを思うときに、私が出会ったすべての人と場が、あたかも海に注ぐ川のような存在に思えたのです。私と「シェイクスピア・カンパニー」が出会った、すべての人と場所が、私たちを創っていると思うのです。ですから、いささか長すぎる「あとがき」になりましたこと、お許しいただきたいと思います（すべて出会ったときの肩書とお名前です）。

まず、国書刊行会との出会いをつくってくれた、私を演劇の世界に導き、それからずっと支えてくれている四十二年来の友人春原憲一郎君に心から感謝したいと思います。国書刊行会の佐藤純子さんという稀有な編集者の熱意によって、私たちのカタツムリのような歩みが肯定され励まされて、やっと出版にたどり着くことができました。

私が生まれた宮城県塩竈市の藤倉。私を生んで育ててくれた父と母。その父と母の生業であった海産物製造販売の会社十字屋。兄とその家族。妹とその家族。祖父母、姪甥思いの華道家の叔母、八戸鮫の丘に住んでいた叔父と叔母と従弟妹、読書家の叔父とその家族、岩手県久慈に住む父の弟とその家族。就学前の親友たち。祖母の湯治に付き添って暮らした鳴子温泉。よくお参りをした塩竈神社とそこからの美しい港の景色。お墓のある願城寺。塩竈市立第二小学校時代の親友たち。父が連れて行ってくれた塩竈の映画館パール劇場。松島、桂島、七ヶ浜、奥松島、石巻、網地島、渡波、女川、荻野浜、鮎川、雄勝、志津川、歌津、大船渡、宮古の海、そして平泉、三戸、五戸、遠野、恐山。五橋市立中学校時代の先生たちと仲間たち、応援団の先輩たち、東北学院高校の仲間たちと先生たち。とりわけ東北学院高校のＥＳＳを一緒に立て直した四人の仲間たちと先輩、後輩たち。修学旅行で見た北海道。文学の門に立っていた人生の師となる大木騏一郎先生。そして、その大木門下にいる七人の同志たち。世界を広めてくれた映画館名画座、東宝劇場、東北劇場、青葉映画館、そして書店の金港堂。そこでめぐりあった木下順二先生とそのすべての著書。

東京都三鷹の国際基督教大学。学びの子宮のような美しいキャンパスと先生方。同じセクションの仲間たち。そして、学生時代お世話になった春原憲一郎君のご両親。練馬の広瀬さんの下宿屋、「喫茶店こまき」。演劇部獏の仲間たち。コンテストで賞を独占した英語劇『ドリアン・グレイの肖像』。東京の英語劇集団MPの仲間たち。あの時代の日本を代表する三人の演出家出口典雄、蜷川幸雄、増見利清。英文学とダンテの扉を開いてくださって私があこがれ続けた齋藤和明先生。

イギリスで最初に暮らしたオックスフォードの街と美しいコレッジ。そこで出会った人生の師白木原嘉彦さん、そして破天荒な台湾人の劉哲生さん。下宿のグッドレイクおばさん。その時から会員となった「ロンドン・シャーロック・ホームズ協会」のみなさん。そして「日本シャーロック・ホームズ・クラブ」の仲間たち。エクセター大学の先生方とホープ寮の仲間たち。乗馬部で駆け巡ったダートムーア。オペレッタクラブで歌い踊った『ペンザンスの海賊』。エクセターにいるあいだに旅をしたオスロ、パリ、ジュネーブ、ノルウェー人のヨン・ヘゲルンド。獨協大学の白鳥正孝先生。シベリア鉄道で帰国する際に出会ったドイツ人医師のコンラッド。

国際基督教大学大学院比較文化研究科の仲間たち。

東小金井の質素なアパート恵比寿荘とGSハイツ。よく酔っぱらったサラーマン大学。大学院生時代にお世話になった東中野の香西塾のご家族のみなさん。そこでのたくさんの教え子たち。志学塾で出会った仲間たちとたくさんの教え子たち。『マクベス』味読を通してシェイクスピア学を示してくださった金子雄司先生。学者の心得を教えてくださった大西直樹先生、比較文化の道を示してくださった旧約学の並木浩一先生、『オイディプス』を教えてくださったギリシャ古典文学の川島重成先生、研究室に居候させていただいた『新古今和歌集』の峯村文人先生、そして修士論文を指導してくださり、ケンブリッジでも指導を続けてくださったロジャー・マシューズ先生。

東北学院大学で教鞭をとる道をつけてくださった笹原昌先生、英文学者の柴田良孝先生と遠藤健一先生。アーサイナス夏季留学でコンビを組んで仕事をした鈴木孝夫さん、そして一緒に旅をした三十九人の学生たち。「ダンテ神曲読書会」の三十人のみなさん、社会保険センターの英会話教室に参加してくださった三〇〇人を越えるみなさん、とりわけコージークラブの二十人の仲間たち。東北大学の英語と芸術の世界の学生たち、とりわけ芸術の世界の同窓会「ウィル」の学生たち、白百合女子短大英文科の学生たち。北陸学院短大英文科の学生たち、宮城教育大学の芸術論の学生たち。私が学問の産湯に浸かった日本キリスト教文学会の英文学と日本文学の先輩諸先生方。

ケンブリッジの街とウルフソンコレッジ。美しいICUケンブリッジハウスとそこでたくさんの世界とつながりをもたらしてくれたコレッジの晩餐会。ケンブリッジ大学のウルフソンコレッジに推薦してくださった筑波大学の山形和美先生とお嬢様の由美さん。ケンブリッジで初めてお世話になってから、イギリスのお母さんになった瀧珠子さんと道子マシューズさん。ケンブリッジ日本人会で出会ったたくさんのみなさん。ケンブリッジ実験劇場主宰のリチャード。ストラトフォード・アポン・エイヴォンのシェイクスピア・インスティテュートでお会いしてから助言をいただき続けている野上勝彦先生、私のダンテの師匠ロビン・カークパトリック先生、私のイタリア語の先生だった演劇専攻のガブリエッラ・ジャナッキ。文化人類学者のデンマーク人スージー・ヘルガン、あのアムンゼンの子孫でイプセン学者のロバート・アムンゼン、「ロイヤル・シェイクスピア・カンパニー」のシシリー・ベリーとアンドリュー・ウエイド、タラアーツ主宰のインド人演出家で盟友のジャティンダ・バーマ。

ロンドンの「グローブ座」とサム・ワナメイカー。「グローブ座」で一緒にシェイクスピアを創った十二人の世界各国の戦友たち。演出とはなにかを教えてくれたジャイルズ・ブロック。三度目のイギリス留学で暮らしたケンブリッジのリッチモンドテラスの家。ケンブリッジ大学でめぐりあったたくさんの研究者のみなさん、とりわけ高宮利行先生、大石五雄先生、足立修一先生、宇野毅先生、石原考哉先生、伊澤東一先生、小林清衛先生、菱田信彦先生、筒井健一郎先生。そして脳科学者のシダルトンとイダリ夫人、そして妻の英語の家庭教師のイヴリン。

私たちとイギリスをつないでくれた「ブリティッシュ・カウンシル」のみなさん。日本のグローブ座運動の先駆者であり私をグローブ座に送り出してくれた荒井良雄先生と尾崎寔先生。大学の教員でありながら劇団を立ち上げた私を陰ながら支えてくださっていたにちがいない東北学院大学のすべての先輩同僚の先生方、英文学科の、あるいは教養学部の、言語文化学科の同僚諸先輩方、とりわけ日の本物産の愉快な仲間たち、そして、東北学院大学で私とともに学んだすべての学生たち。事務職員の方々。

名もない私たちに目をとめてくださって取材してくださった、たくさんのジャーナリストのみなさん。とりわけ、最初に私たちの存在を紹介してくださってから私たちを応援し続けてくださっている河北新報社の生活文化部の記者のみなさん。全国に発信してくださった共同通信社のみなさん、とりわけ宮武久佳さん、初演のオーディションを見守ってくださったNHKの佐治真規子さん、マクベス公演を日本中に知らしめてくださった朝日新聞社の服部夕紀さん、創設時から支えてくださった産経新聞社の中曽根聖子さんと楠崎正人さん。私たちのエディンバラ公演を支えてくれた東日本放送プロデューサーの長谷部牧さん。「ラジオ深夜便」のアンカー川野一宇さん。被災地公演を後押ししてくださった朝日新聞社の井上秀樹さん。「WOW

OW」のプロデューサー富樫佳織さん、「東北新社」の斉藤充崇さん、ディレクターの下田章仁さん。『放送芸術学』の芳賀馨先生、月刊「ダ・なす」編集長の下舘洋一さん。

創設時に私たちの原点の場となった七ヶ浜の高山セミナーハウス、私たちが愛の巣と呼んで慕ってきた「焼鳥屋きむら」、劇団の東京の宿を提供してくださった天理教大教会芝本部と教会のみなさん、絶景の合宿所ジレットハウスのみなさん、震災後の私たちの家となった「オジーノカリーヤ」、大崎の蕎麦店「小花」、鳴子温泉「旅館大沼」、「カンパニー」のメンバーが女将となった蔵王の「見晴らしの宿ふるさと」、「カフェガレリア」にフォトグラファー中村ハルコを守ってくださっているレストラン「パリンカ」、独創的なイタリアンレストラン「フランチェスカ」、おいしい紅茶の「アンビエン」、私のラーメンの原点となった塩竈の「来々軒」。鳴子に行くたびに寄らずにはいられないラーメン屋さん「いろは食堂」。『新リア王』のインスピレーションを与えてくれた盛岡の「三寿司」。役者たちに寿司の握り方を指南してくれた塩竈の「大入寿司」。

私たちにワクワクする場を提供してくださったみなさん。とりわけ、「ブリティッシュヒルズ」の総帥佐野元泰さん、佐々木喬さん、青森県恐山菩提寺とご住職、「康楽館」の館長とみなさん、スコットランドはエディンバラの「シートゥ劇場」、「早稲田桟敷湯」の館長の吉田惇一さん、一ノ蔵社長鈴木和郎さん、マーケティング部の山田好恵さん、山元町臨時災害放送局「りんごラジオ」の局長高橋厚さんと奥様の真理子さん、女川町区長の阿部進一さん。南三陸「さんさん館」館長の菅原辰雄さん。塩竈市長の佐藤昭さんと市役所のみなさん、浦戸諸島桂島のみなさん、東京池上實相寺のご住職ご夫妻。そこでのおいしいお料理隊のみなさん。

「仙台卸商センター」のみなさん、とりわけ文横ブラザーズの武田要二さんと竹野博思さんと八巻寿文さん。「能－BOX」のみなさん。被災地の旅で支えてくださった仙台タクシー社長佐々木昌二さん、かまぼこを観客に振る舞ってくださった株式会社鐘崎の社長吉田久剛さん。旅に素敵なお花を届け続けてくださった原田なおみさんと清水和子さん。『アトゥイ・オセロ』の監修をしてくださった榎森進先生。『新ベニスの商人』で貴重な助言をいただいた藤間京緑先生、カツラの創り方まで教えてくださった医師で作家でもある山浦玄嗣先生、国際的ホプキンズ学者の島根国士先生。本の出版の応援をしてくださった詩人の柴崎聡さん、シェイクスピアをこよなく愛する「シェイクスピアの森」の森番関場理一さん。私たちの活動をブログで支援してくださっている久力誠先生、私たちの営みの見えない部屋の扉を開いてくれた『東北のジュリエット』の編集者佐藤陽二さん、編集作業を手伝ってくださった今野史昭先生、那須川訓也先生。熱意をもって、私たちの悲願でもあった脚本集『東北シェイクスピア脚本集』を刊行してくれたココ出版の吉峰晃一朗さんと田中哲哉さん、その本の帯に目の覚めるように素晴らしい言葉を書いてくださった女優の鈴木京香さん、宮城県図書館のみなさん。五橋中学校同窓会のみなさん、東北学院大学ＥＳＳ東京支部のみなさん、開文社の安居洋一さん、雄松堂書店のみなさん、国際基督教大学同窓会のみなさん、一緒にお芝居を創った仙台の若手弁護士九条の会「ラストオーダー」プロダクションのみなさん、世界から応援してくださっている英日・日英翻訳国際会議のみなさん、被災地を巡る活動のすべてを支えてくださっている文化庁のみなさん、とりわけ文化部国語課の鈴木仁也さん。

さらに、ずっと私たちを見つめてくれた、あるいは遠くから見守ってくれたたくさんの方たち、とりわけ長岡輝子さん、木下順二夫人のとみ子さん、早稲田演劇博物館のみなさん、「フォルマーレ・ラ・ルーチェ」の高橋淳子さん、東京都写真美術館の鈴木佳子さん。「わらび座」の遠藤康さん、歌人の佐藤通雅さん、ムッシュ伊藤さん、ヒロトク商事のみなさん、そして公演を支えてくださったたくさんのみなさん。石巻の劇団「夢回帰船」のみなさん、「ＳＣＳミュージカル研究所」のみなさんとその代表の廣瀬純さん。映画宣伝に携わる妻晴子の姉と母。

「シェイクスピア・カンパニー」の活動に関わってきたすべての仲間たち、とりわけ一緒に「シェイクスピア・カンパニー」を発想した詩人精神科医大平常元先生、まだ形のなかった時代に私を支えてくれたたくさんの英会話の仲間たち。「仙台シェイクスピア研究会」のみなさん。アマチュアの私たちを支えた頼もしいプロフェッショナルのみなさん、とりわけ、闘病の中で命を削るようにして音楽を考えてくれた作曲家高橋明久さん。これが「カンパニー」だと思わせられる美しい音楽を創り続けてくれている橋元成朋さん。神技のポスターで私たちを引き上げてくれたデザイナーの大木裕さん、情熱の照明家の志賀眞さん、松崎太郎さん、舞台製作のオールマイティ建築家の千葉安男さん。「シェイクスピア・カンパニー」を象徴する舞台の水道管を守ってきた梶原茂弘さん。被災地公演をともに旅してくださったアイリッシュ・ハープ奏者月輪まり子さん、イラストレーターとしてあるいはホームページの管理者として「カンパニー」を支える千坂知晃さん、美術に関わるすべての仕事を喜んで引き受けてくれた宮城県を代表する美術家庄子陽さん。

私が思う存分に動けるように、いつも「シェイクスピア・カンパニー」の母親役として、あるいは私の女房役として、膨大なエネルギーと愛情を注いでくれたステージ・マネージャーのみなさん。松田公江さん、阿部路子さん、阿部典子さん、名畑目雅子さん、長保めいみさん、藤野正義君、八巻聖也君、笹氣健治さん、震災以降、広報部長として八面六臂の活躍をしている浅見典彦さん、脚本を一緒に考えてきてくれた丸山修身さん、鹿又正義君、菅原博英君。

舞台裏を支えてくれたスタッフのみなさん。阿部文明さん、小澤恵里奈さん、梶原祥子さん、倉田健太郎君、斉藤秀一さん、佐藤正幸さん、鹿戸千恵さん、菅原裕子さん、高橋文さん、千葉妙子さん、平井淳子さん、藤原陽子さん、布田直志さん、吉川由美さん。

私と一緒に語らい笑って泣いて歩いてきてくれた、いとおしい役者たち。浅見典彦、阿部かおり、安藤敏彦、猪野楓、石井李奈、石田愛、犾守勇、礒干健、伊藤真理子、伊藤由紀子、岩住浩一、及川寛江、小嶋裕美子、加藤翼、要トマト、川村淳、神蔵康紀、岸典之、日下凌一、國井大輔、國井奈緒子、郷右近由美子、香田志麻、笹氣健治、佐々木俊一、佐々木卓真、佐々木遥香、里野立、さわら、ジェイミー・バラード、塩谷豪、渋谷菜美子、清水寛、真紅、菅ノ又達、菅原岳、鈴木るな、須藤礼子、鷲見直香、関亮太、瀬戸悠、髙橋利樹、滝村里実、田端勇士、千坂知晃、千葉なつみ、鶴田浩平、土井敏之、戸田俊也、長保めいみ、波間晶、西間木恵、星佳奈、長谷川景、備前りか、藤野正義、二ツ森航平、ペギー森、星奈美、星真輝子、本多未佳、松川雅俊、松Q、皆川洋一、宮崎慎也、村田たいこ、迷亭、守屋美波、八重樫まち、矢尾坂江梨、山路けいと、李暁冬、両國浩一、渡邉欣嗣。

最後に、私に「シェイクスピア・カンパニー」を創る情熱を与えてくれた妻晴子とその分身のような三人の娘たち、宇未と創楽と羽永に。

二〇一七年二月

仙台にて　下館和巳

名場面集
原作あらすじ

名場面集

『東北シェイクスピア脚本集』（ココ出版、二〇一六年）より再録しました。

『新ロミオとジュリエット』

原作『ロミオとジュリエット（Romeo and Juliet）』を上演時間七十分の脚本に翻案。舞台をイタリアのヴェローナから、東北一の温泉、伊田里温泉郷の舌奈《べろな》温泉に移し、対立する「キャピュレット家」と「モンタギュー家」を、「河富家」の経営する「国際観光ホテルベローナ」と「門太家」の「名湯舌奈旅館」に置き換えている。

●登場人物

河富樹里（ジュリエット）　河富家（キャピュレット家）の娘

門太露未緒（ロミオ）　門太家（モンタギュー家）の息子

（原作では二幕二場に当たる）

露未緒　ふーっ。
なんだ、あの光は？　東？　つうごどは、太陽が？　河富樹里さんだ。
なにが言ったな。いや、なにも言ってね。言ったが？　言ってね。
どうでもいいんだそんなごど。あの目がやー、言ってるべ。

あっ、キラッとなったど。んだが、夜空の星なんだが、樹里さんの目なんだが、さっぱり見分げがつがねっちゃ。
おっ、動いだど。手のひらさほっぺたのっけだ。いいな、あの手のひら、おれが手のひらになりだいくらいだ。

樹里　あ〜。

露未緒　喋《しゃべ》った。確かだど、今度こそ。口ひらいだもの、こいなぐ。

樹里　門太、門太、門太露未緒……なんでっしゃ、なんで門太なのっしゃ。
あんだが門太やめだら、私も河富やめんのに……。

露未緒　なじょすっぺ……。黙って、もっと聞いでっか？　ん。

樹里　門太でねぐなっても、あんだはあんだだすぺ。門太っていう名字は、あんだの、顔でも、手でも、足でもね。
名字変わったって、あんだはあんだだすぺ。
桜が桜っていう名前じゃなぐなっても、桜は咲ぐよ、きれいに咲ぐよ。
んだがら、名前なんて、名字なんて、関係ね。

露未緒　んだ〜、関係ね！　おれ、門太やめっから。

樹里　びっくりした。誰？

露未緒　名前は、言いたぐないです。いや、名前なんかもう、ねぇ。
今こう紙に（門太と）書いで、破り捨てましたから。

樹里　えぁ？　その声……聞いだごどある、なんか、もう、なつかしい。
露未緒さん？　門太さん？

露未緒　どっちでもないですよ。ここに、ほれ、落っこぢでるし。

樹里　それにしても、どうやってこの庭に入ってきたのっしゃ？
うちの塀はすごく高いのに。

露未緒　これですよ、羽っこ。

樹里　えっ、羽っこ？

露未緒　恋の羽っこ。比喩だっちゃ。修辞？

樹里　レトリックだすぺ。

露未緒　すごい。

樹里　国語で習ったおん。

露未緒　頭いいんだ。

樹里　いぐねよ。でも、国語はわりと好きなんです。

露未緒　俺も好ぎだ。数学はやんだけっどね。

樹里　一緒。

露未緒・樹里　（笑）

露未緒　なんの話だっけ？

樹里　羽っこ。

露未緒　恋の。

樹里　ん、でも、ここで見つかったら大変だよ。

露未緒　夜のマント着てっから大丈夫だ。

樹里　ともかぐ、殺されちゃうかも。

露未緒　どうやって？

樹里　鉄砲で、こうやって。

露未緒　熊撃づみでに？　でも俺は、そんなものさっぱりおっかねぐねぇよ。
樹里さんの目の方が怖《こ》え。

樹里　怖え？　なすて？

露未緒　なんつったらいいんだべ……きらきらして、
俺のここに刺さってくるんだ。
だがら、怖え、んでもいい。刺されでもいい、死んでもいいって思うんだ。

樹里　なすて？　私のごど嫌いなの？　死んでもいいって……

露未緒　嫌いなはずねっちゃ。死んでもいいっていうのは、
あんだの心の中を、あんだの思いを知ったがらだ。
俺のごどを思ってくれでるってわかったがら、
うれしくて、死んでもいいって。
いや、気絶して死んでしまうくれにうれしい。そういうごどなんです。

樹里　じゃあ、死なねで、生ぎて、ずっと生ぎて。

露未緒　生ぎるよ、ずっと生ぎる。
んだが、あんだが俺のごどなんにも思ってくれねのだったら、
ただただ命があっても仕方ねって、
まだぎの流れ玉にでもあだって死んでしまったほうがまだましだって。
樹里　んだがら、言ったすぺ。あんだ、聞いでだんだすぺ。
露未緒　ん、夢見でるみでだった。これほんとに起ぎでるごどがや？　って。
樹里　ほんとは、うんとおしょしいごどなんだよ。
日記のぞかれたみでな、
いや、もっとおしょしい。んだって、声に出して喋《しゃべ》ってだんだよ。
まだ、会ったばりなのに、心の中に浮かんだ自分の思い、
まだ、ほんとなんだか、どうんなんだか、わがらね、
そういうふやふやした思い？
それを自分でも確かめねうぢに口にしてしまって、
それを聞がれだんだがら。
露未緒　後悔してんのすか？
樹里　ちょっと。
露未緒　そうなんだ。
樹里　でも、もういいの。
あんだに聞かれでるってわがった時、もっと別の私が出できて、
「なに言ってんのあんだ、ばがでない。嘘《うそ》に決まってるっちゃ」どが、
「あんだのごどでなんかないよ、しょってっこだ、まず」
どが言ったがもしゃねのに、言わねがったし……。
露未緒　なんで、いいど思ったの？
樹里　あんだみでなひと、見たごどねもの。
まっすぐで、あっつくて、いいひとで、ちょっとおっちょこちょいで、

それに……

露未緒　それに？

樹里　目がきらきらしてで。

露未緒　暗くて見えねっちゃ。

樹里　さっき、パーティーではじめてお会いした時に。

露未緒　そう。それは、あんだが俺の目に映ったがらだよ、きっと。

樹里　そんな風に、どぎっとすることを、あんだは言葉にできるし。

露未緒　そう。友達にも、母さんにも、おめは本の読み過ぎだって、いぢいぢ言うごどがわざとらしって、言われるげんとね。

樹里　そんなごどねぇ、私は好ぎ。そこが好ぎ。私も本が好ぎだし、小説や物語やお芝居が好ぎ。

露未緒　いがった。話が合って。おれもあんだみでなひとみだごどね。

こんな狭こい舌奈のいったいどごさ、隠れったのや、あんだ？

樹里　ずっと、ここさいだよ。

露未緒　そうが。

樹里　ちゃっこくて、見えねがったんでない。

露未緒　（笑）まさが。

樹里　めんこぐないし。

露未緒　めんこいよ、絶対めんこい、あの月よりも。

樹里　月は、やせたりふとったりするし。

露未緒　星よりも、お日さまよりも。

樹里　なんにもくらべないで。

露未緒　んだ、なににもくらべられね。

樹里　（笑）

露未緒　おがしいすか？

樹里　すごくまじめな顔して言うから……

露未緒　変が？

樹里　めんこいよ。年上の男の人に言う言葉じゃないげっと。

露未緒　今晩は、満天の星だっちゃ。
樹里　はい。
露未緒　こうして見上げでっと、あんだの目が星に見えでくる。ほんとに、きれいだ。
樹里　あ〜、うれしい……でも、早すぎないがや、突然すぎないがや、あっ、光ったって、言うが言わねうぢに、消えでしまう、雷みでで。
おなす　樹里ちゃん。なにしてんの。
樹里　あ、もう行がねげ。
露未緒　もう、行ぐのすかわ。もうちょっとだげ。
樹里　ん、もう三分だげ。
おなす　なに、大声で独りごど語ってんのしゃ。
樹里　今、行っから。
露未緒　言いでごどあったんだ……。
樹里　なにっしゃ？
おなす　まず、気もずわりごだほんとぬ、気ずげぬなったど思われっぺっちゃまず。
露未緒　忘《わせ》だわ。
樹里　（笑）
露未緒　明日、まだ、会えるがや？
樹里　はい。
露未緒　んで。
樹里　んで、おやすみなさい。
露未緒　んでね。
樹里　んでね。

『奥州幕末の破無礼』

原作は『ハムレット（Hamlet）』。舞台を江戸時代幕末、奥州の天馬《てんま》藩に設定。主人公破無礼《はむれ》は先代天馬藩主の息子となっている。土方歳三など、実在の人物も登場する。

●登場人物

天馬破無礼（ハムレット）　先代天馬藩主嫡子
天馬鞍有土（クローディアス）　天馬藩主
天馬雅藤（雅春院）（ガートルード）　天馬藩主奥方
真田蓬呂（ポローニアス）　天馬藩筆頭家老
真田依璃亜（依璃亜姫）（オフィーリア）　蓬呂の娘
漏電（ロウゼンクランツ）　破無礼の友人
停電（ギルデンシュターン）　破無礼の友人

三幕一場

魞島城大廊下、下手に屏風が立つ。藩主、奥方、蓬呂、停電、漏電、少し後に依璃亜姫、上手から登場。

藩主　なすておがすぃのがは聞げねがったわげだ。
漏電　ご自分が今までのご自分どはつがうどいうごどだげは、ご自分でみどめでおられますてござりすが、なすてがまでは語《かだ》られませんで。
奥方　あんだだずぬは、なじょなふるまいでござった。
停電　まんず、まんずでござりすたが、なぁ（漏電を見て）、
漏電　すこすばり、
漏・停　（お互いに）いずそうだったなや。
奥方　一緒になぬがすねがったのすか。
漏電　剣玉ば。
停電　いや、お芝居《すばい》ばおすすめすてござりす。
蓬呂　ほでござりすた、破無礼様がらお二人ぬお芝《すば》居《い》のご招待状ばあずがってござりすた。
藩主　（招待状を読みながら）芝居《すばい》など見るきぬな

ったが、えがった、えがった、神谷《かみや》草人が？　演《えん》目《もぐ》は。

蓬呂　それは明日《あすた》のお楽《だの》すみどいうごどでござりす。

藩主　停電、漏電、あんだだずば呼んだかいがあったな、ごぐろうさん。すて、もすこすつぎあってけさいんや。

漏・停　かすこまりすてござりす。

漏電、停電下手に去る。

藩主　奥方《おぐがだ》、申すわげねぇが、あんだも座はずしてけねがや。実《じず》は、あんべいいごどいって破無礼ば呼ばってんのさ。ここで偶然ぬ依璃亜姫ど会うようぬすて、私ど蓬呂はそごいらの陰っこがらうががってみっぺど思ってな。そすれば、なぬがわげつかめるがもしゃねがらな。

奥方　ほすか、わがりすた。依璃亜姫、めんこいあんだが、破無礼が気ずげぬなったわげだらば、なんぼえんだがしゃね。あんだのそのやすさで、あのこばもどおりぬすてくない。

依璃亜　私もそう願ってござりす。

奥方上手に去る。

蓬呂　さで、んだな、こっつぁございん、ここいらさ立って、これは、あのほれ、権中納言敦忠どのの『拾遺集』ぬござるがら、こいなぐすて、そ、そー、えがす。あっつこっつ見ねで、読みふけってるふりすったほがええな。ござった、ござった。殿、屏風の陰がえがすぺ。

藩主と蓬呂は屏風の陰に身を隠す。破無礼登場。

破無礼　すっか、すねがだ、なじょすっぺ。どっつが武士道ぬかなってるんだ、むごい運命の弾丸ば

我慢すて受げでるごどが、それとも刀《かだな》ば手ぬすて
なんだもね
ごだごださたむがってそれば終らせるごどが。死《す》
ぬ、眠る……
それまでだ。眠れば、心《こころ》のいだみもかばねのいだ
みも消える。
死《す》んで眠る、なんぼええんだがわがんね。
眠るど、夢見るな、あっ、ここでけつまずぐんだ。
死《す》の眠りの中《なが》で、俺ばがんずがらめぬすてだ縄が
ほどげだどぎぬ
なじょな夢ば見るんだが、ここでためらうな。
んだがら、まだもぞこい人生《ずんせい》ばだらだらど生ぎで
すまうのさ。
んでねげ、どごの誰が我慢すてっけ、はだがれだ
り余されだり、
力《つから》のある奴《やず》のごまがすどおごりぬ、
さっぱりうまぐいがね恋ぬ、延ばす延ばすの訴ぇ
事《ごと》ぬ、
小役人の鼻持ずならなさぬ、
立派なしたずが鼻くそみでな奴《やず》らがら受げねげね
侮辱《ぶじょく》ぬ、
この脇差《わきざす》でこのかばねば斬って、それでしまいぬ
なるのだら、
誰が我慢すっか。
おもでぇ荷物《にもず》しょって、やっしゃね人生《ずんせい》ば誰が汗
たらすて生ぎっか。
もす、そっから誰も戻って来たもののいね、
死《す》どいうわげのわがらね国ばおっかねど思うごど
で気が迷うのだらば、
死《す》ぬよりも、まだこの世のすんどさば我慢すたほ
がますだど
思うのだらば、
こいな迷いが人ば皆臆病たがりぬすんだ。
そすて、きっぱっとすた決心《けっすん》があおぐなってげそ
っとなんだ。
やるべ、どいういぎおいも、これでざっと流され

ですまって、
動げねぐなんだー。
依璃亜姫でねが。なぬ読んでんのや？
依璃亜　（表紙を見せて）破無礼様のお好きな。
破無礼　へぇ。
依璃亜　破無礼様、これは、今までいだだいだものでござりすが、前からいずがお返すすねばど、
破無礼　俺ぬ？　いらねよ。そんなものやったおぼえねぇすな。
依璃亜　確かぬ破無礼様がらいだだきますた。それも、いだだきすたものが益々きれいぬ見えるよな、かぐわすぃお言葉《ことば》どご一緒ぬ。んだげんとも、そのかぐわすさが失せだのであれば、このいどおすぃ贈《おく》り物も、気高い心《こころ》ぬは、みじめなただの物ぬすか見えねんでござりす。
破無礼　（依璃亜の髪からかんざしを抜き取って）
まごころが語《かだ》ってんのが、あんだ？
依璃亜　えっ、
破無礼　あんだは、めんこいが？
依璃亜　なんのごどっしゃ？
破無礼　まごころがあってめんこいのだらば、まごころどめんこさは仲良ぐすねほがえぇ。
依璃亜　まごころがござるがらめんこいのでござりすぺ。
破無礼　んだな、めんこいつらが、まごころのあるおなごば女郎ぬ変えるつうのは、このごろはよぐあるごどだ。俺はあんだば好ぎだった。
依璃亜　はい、そう信ずでござりすた。
破無礼　信ずねばえがったんだ、古い親木さ、まごごろば接ぎ木すたって、親木の腐れだ臭みが消《け》るはずがね。ほんとは好ぎでなんかねがったんだ。
依璃亜　んでは、私の思いつがいでござりすた。
破無礼　尼寺さ行がいん。あんだはなすて罪ぶげ人間ば産みでがんのや？　俺はこんでもまともな人間のつもりなんだ。んだが、母上が俺ば産んでけねばえがったのぬど思う、傲慢で、ねつっこくて、

もだせぶりで……、なぬ語《かだ》ってるのがわがんねぐなってきた。俺みでな罰《ばつ》あだりのたれかものが、この天と地の間《つ》ばはいずりまわってなじょすんだ。えぇが、誰ばも信ずるんでねど。尼寺さ行がいん。父上《つつ》はどごさいんのや?

依璃亜　うじぬおりす。

破無礼　んでは、門さ錠かげで外《そど》さ出らいねようぬすといだほがええ、あんまりおだだねようぬな。さよなら。

破無礼去る。

依璃亜　御仏様、どうが、破無礼様ばお助け下さいませ。

破無礼また登場。

破無礼　もす、どうすても嫁ぬなりだいんだら、アホの嫁ぬなれ。えぇが、尼寺さ行ぐんだど、すぐぬな。

破無礼、走り去る。

依璃亜　ああ、あの気高《けだが》いお心《こころ》がこんなぬも崩れですまわれで。やんごどなぎ眼差す、学者らすぃお言葉《ごとば》、武士らすぃお振る舞い、このうるわすぃ天馬藩の望みの花どすて、作法の鏡どすて、誰がらも慕われ褒められでござったあのお方《がだ》が、こんなぬも崩れですまわれで。あのお方のかぐわすぃ言葉の花の蜜ば吸った私が、花がやおらすぼんでいぐのばまのあだりぬすて、ただ黙ってみでるすかねぇのすか。さっきまでのあのお方、今のあのお方、あんまりむごいのでねすか。

藩主と蓬呂、屏風の陰から出る。

藩主　あんだの見当はずれのよだな。恋の病ではねぇよだったが、心《こころ》の底《そこ》さなぬがあってそれをあれの憂鬱《ゆううず》がかがえごんでる、いずれその卵がかえるがもしゃね、あぶねな。破無礼ば、大坂《おおざか》さやるべ。なじょだ、蓬呂。

蓬呂　今、大坂《おおざか》ぬ奥州人が入るのは、夏の虫《むす》が火さ飛びごむようなもんでござりんか。

藩主　いや、大坂《おおざか》は今や空っぽだ。それぬ、破無礼は少なくとも磐梯藩ならぬ天馬藩の家督《かとく》だがら、さほどすんぺはいらね。それよりも、太平洋の長い船旅が、あれの憂鬱の虫《むす》ば殺すてける、そっつの望みのほが今は大事《だいず》だ。

蓬呂　お言葉《ごとば》ではござりすが、私は、やはり、これへの片思いが根っこぬあるんではないがど、よろすければ、奥方様《おくがだ》お一人で破無礼様ぬお話《はなす》ばうかがうような段取りぬいだすますて、私はまだ陰がらそこっと、ま、それでもわげがわがらね折ぬは、地下牢さ幽閉するのも、大坂《おおざか》も、いんでがいんか。

藩主　そうするべ。身分ある者の狂気はほっておがいねがらな。

三人上手に去る。

原作あらすじ

本文に出てきたシェイクスピアの作品を、順に掲載しています。
『東北シェイクスピア脚本集』(ココ出版、二〇一六年)に掲載されたものに加筆・修正を加えました。

ロミオとジュリエット

あらすじ

舞台は十四世紀のイタリア、ヴェローナ市。そこでは、キャピュレット家とモンタギュー家という二つの敵対する名家があり、その争いは苛烈を極めた。モンタギュー家の一人息子ロミオは友人に誘われ、キャピュレット家の仮面舞踏会に行く。そこでロミオとキャピュレット家の一人娘、ジュリエットは出会った瞬間に恋に落ちるが、互いが敵同士であることを知る。その夜、ジュリエットは自分の部屋のバルコニーの下に偶然たどり着いたロミオと愛を深める。

ロミオから相談を受けたロレンス修道士は、二人の恋に両家の不和を終わらせる希望の光を感じ、秘密裡に二人に結婚式をあげさせる。その帰り道、キャピュレット夫人の甥であるティボルトと親友のマキューシオの争いに巻き込まれた。最初、ロミオはその争いを止めようとしたが、マキューシオがティボルトに殺されたことで、逆上したロミオはキャピュレット家の親族であるティボルトを殺してしまう。殺人の罪を犯したロミオはヴェローナから追放される。それは二人にとって決定的な別れを意味していた。

娘がロミオと結婚したことなど知らないキャピュレットは、ジュリエットとヴェローナの貴族パリスとの結婚話を進める。当初はロミオとジュリエットの恋を応援していた乳母もパリスとの結婚を勧める。追い詰められたジュリエットに助けを求められたロレンス修道士は、四十二時間仮死状態になる薬を飲み、死者として埋葬され、目覚めたところに、知らせを受けて迎えに来たロミオと駆け落ちするという案を持ちかける。パリスとの結婚式の前夜、ジュリエットは薬を飲み干す。しかし使者の到着がずれてしまい、ロレンス修道士の計画は失敗した。そして、行き違いで、ロミオとジュリエットは死んでしまう。若い恋人たちの死によって、積年の両家の不和は終わりを迎え、それぞれの子供の死を悲しみ、両家の争いが彼らを死に追いやったことを悔やみ、和解を誓い合う。

主な登場人物

パリス　青年貴族、大公の親族
ロミオ　モンタギュー家の息子
マキューシオ　ロミオの友人
ベンヴォーリオ　ロミオの友人
ティボルト　キャピュレット夫人の甥
モンタギューとその夫人
キャピュレットとその夫人
ジュリエット　キャピュレット家の娘
ジュリエットの乳母
ロレンス修道士

夏の夜の夢

あらすじ

アテネ公爵シーシアスの家臣の娘ハーミアは父の決めた婚約者ディミートリアスではなく、ライサンダーという男と恋仲である。二人はアテネの近くの森に駆け落ちすることになったが、そのことをハーミアの幼なじみのヘレナに言う。ヘレナはディミートリアスが好きだった。ディミートリアスはこのことを聞くとハーミアとライサンダーの後をヘレナと追う。

アテネ近郊の森には妖精たちが住んでいた。妖精の王オーベロンと女王ティターニアが夫婦げんかをしていた。ティターニアが可愛がっていたインドの子供をオーベロンは欲しかった。そこで妖精のパックにほれ薬を用意させ、他の男に夢中になっているうちにインドの子を取ってしまおうと考えていた。ほれ薬とは三色すみれの汁で眠っているときに瞼に塗ると目覚めて最初に見たものにほれるという秘薬である。シーシアスは婚礼を控えていて、その披露宴で芝居をすることになっていた職人のボトムの頭をいたずら者のパックがロバに変えてしまう。オーベロンの目論見はとげられたが、森の中では四人の男女が入り乱れていた。オーベロンはパックに命じてほれ薬の解毒剤を使って事態を収拾する。

主な登場人物

シーシアス　アテネの公爵
ヒポリタ　アマゾンの女王、シーシアスの婚約者
ライサンダー　ハーミアに恋する若者
ディミートリアス　ハーミアに恋する若者
ハーミア　ライサンダーに恋する娘
ヘレナ　ディミートリアスに恋する若者
オーベロン　妖精の王
ティターニア　妖精の女王
パック　妖精

から騒ぎ

あらすじ

アラゴンの領主ドン・ペドロは戦争に勝ち、凱旋の途中メッシーナの屋敷に滞在している。屋敷の主でメッシーナ知事レオナートの娘ヒァローとドン・ペドロの部下のクローディオは相思相愛の仲となり、一週間後に結婚式を挙げるという。一方ドン・ペドロの部下ベネディックとレオナートの姪のベアトリスは喧嘩友達だが、このカップルも結婚させようとドン・ペドロが画策する。周囲の協力も得て互いに男女として意識し始め結婚することになった。ドン・ペドロの弟ドン・ジョンは兄とその部下を憎んでいたのでクローディオとヒァローのカップルを仲たがいさせようとする。ヒァローは結婚式の途中で不実を疑われ、式は取りやめとなる。警官ドグベリーによってドン・ジョンの悪事は暴かれ、フランシス修道士によりヒァローは守られる。クローディオとヒァローの結婚式がまたとりおこなわれベネディックとベアトリスの結婚式も同時に行われた。

主な登場人物

ドン・ペドロ　アラゴンの領主
ドン・ジョン　その腹違いの弟
クローディオ　フローレンスの貴族
ベネディック　パデュアの貴族
レオナート　メシーナの知事
アントーニオ　その弟、老人
ドグベリー　警保官
フランシス修道士
ヒァロー　レオナートの娘
ベアトリス　レオナートの姪

十二夜

あらすじ

双子の兄妹の乗る船が難破。妹のヴァイオラだけがイリリアの海岸に漂着した。彼女は男装し名前をヴァイオラからシザーリオに名前を変えて、地元の領主オーシーノー公爵に仕えた。オーシーノー公爵は伯爵令嬢オリヴィアに恋をしていて何度も求婚しているが、色よい返事がもらえない。ある日公爵は、男装したヴァイオラに手紙を託して、令嬢に改めて思いを告げようとするがオリヴィアは男装のヴァイオラに恋をしてしまう。一方、ヴァイオラは密かに公爵に恋心をいだいている。兄のセバスティアンは、船長のアントーニオに助けられ、イリリアに来ていた。

オリヴィア邸に執事のマルヴォリオという男がいた。尊大で傲慢なのでみなから嫌われていた。おまけにオリヴィアから好意を持たれていると勘違いしている。オリヴィア邸に住むみなが協力して、マルヴォリオ宛のオリヴィアのにせの手紙を読ませる。そこには「黄色いストッキングをはき、十文字の靴下止めをつけ、私ににっこり微笑んで」と書いてある。どれもオリヴィアの嫌いなものばかりである。その様子を見たオリヴィアはマルヴォリオが気が変になった、と思う。

最後には、実は生きていた双子の兄セバスティアンがオリヴィアの前に現れ、恋する男装のヴァイオラに瓜二つのセバスティアンと結ばれ、ヴァイオラはオーシーノーと結ばれる。しかし、マルヴォリオだけは、馬鹿にされたままである。

主な登場人物

オーシーノー　イリリアの公爵

セバスティアン　ヴァイオラの兄

アントーニオ　船長、セバスティアンの友人
マルヴォリオ　オリヴィアの執事
オリヴィア　裕福な伯爵家の女嗣子
ヴァイオラ　セバスティアンの妹、変名シザーリオ
マライア　オリヴィアの侍女

マクベス

あらすじ

スコットランドの武将マクベスは同朋の武将バンクォーとともに、ノルウェーとの戦いに勝ち、凱旋の途中、荒野で三人の魔女たちからマクベスは出世し、いずれスコットランド王となるという予言をうける。マクベスは確かにコーダーの領主となる。魔女たちの予言を信じたマクベスは、マクベス夫人と共謀してスコットランド王ダンカンを暗殺する。権力欲に取りつかれたマクベスはともに魔女たちの予言を聞いた友人のバンクォーを殺し、ファイフの領主マクダフの妻子も殺した。マクベス夫人は次第に精神を病んでいく。

さらなる魔女たちの予言によって、バーナムの森が動かない限りマクベスは滅びない、女の股から産まれた者にはマクベスは倒せないという言葉を信じ、マクベスは城を出て戦場へ赴く。

マクベス夫人は死に、ダンカンの息子のマルカムは配下に森の木の枝を身体につけさせ、森が動いているように見せる。マルカムに味方したマクダフは帝王切開で生まれている。ついにマクベスはマクダフに討ち取られる。そして正式な後継者としてマルカム王子がスコットランド王として即位する。

主な登場人物

ダンカン　スコットランドの王

マルカム　ダンカンの長男
ドナルベイン　ダンカンの次男
マクベス　初めダンカンの武将、後にスコットランドの王
バンクォー　ダンカンの武将
マクダフ　スコットランドの貴族
マクベス夫人
魔女たち

お気に召すまま

あらすじ

貴族の兄弟オリヴァとオーランドーは仲が悪かった。ある日弟のオーランドーはフレデリック公爵主催のレスリング大会で活躍し、追放された公爵の兄の娘ロザリンドに思いを寄せる。ロザリンドは公爵の娘つまり従妹のシーリアとても仲がよかった。公爵に疎んぜられていたロザリンドは、シーリアと道化のタッチストーンとともに、父の住むアーデンの森に逃げ込む。

一方、兄との関係がさらに悪くなったオーランドーもアーデンの森へ逃げる。オーランドーは森で隠棲するロザリンドの父に面倒をみてもらうことになる。オーランドーはロザリンドと森で出会うが、ロザリンドは名前を変え男装したままで身分を明かさない。

オリヴァもフレデリック公爵に追放され、アーデンの森へやってくる。しかし、オリヴァはライオンに襲われたところをオーランドーに助けられ兄弟は和解。オリヴァはシーリアに一目ぼれして結ばれ、ロザリンドもついにオーランドーの思いを受ける。森の若者たちも恋の花盛りで、道化のタッチストーンと田舎娘オードリ、羊飼いのシルヴィアスと羊飼

い の女フィービもそれぞれの思いを遂げる。
フレデリック公爵は軍隊を率いて、アーデンの森に攻めてくるが、森の入口で改心し、爵位を兄の前公爵に返し修道院生活に入ることになる。

主な登場人物

老公爵　追放の身
フレデリック公爵　その弟　兄の所領を奪い取った男
チャールズ　フレデリックお抱えのレスラー
オーランドー　サー・ローランド・ド・ボイズの息子
オリヴァ　サー・ローランド・ド・ボイズの息子
タッチストーン　道化
シルヴィアス　羊飼い
ロザリンド　追放された公爵の娘
シーリア　フレデリックの娘
フィービ　羊飼いの女
オードリ　田舎娘

ハムレット

あらすじ

舞台はデンマーク王室の居城エルシノア城。ハムレットはデンマーク王子。剛勇無双で名君の父の王が急死して日も浅いのに、父の弟のクローディアスが王になり、母である前王の妃のガートルードもめとった。前王の亡霊が夜な夜な現れると聞き、ハムレットはその亡霊に会いに行く。そこで亡霊から自分は事故死ではなく、現在の王クローディアスに殺されたと告げられ、復讐を命じられる。このことに確信が持てなかったハムレットは自分の身を守るためにも、狂人のふりをするが、旅芸人の一座の演技を見た新王の反応から亡霊の言葉を信じるようになる。ハムレットはクローディアスにイギリスに送られ暗殺されかかるが、なんとか難をのがれ帰国すると、恋人であり婚約者のオフィーリアが水死したという。ハムレットは誤って刺殺した重臣のポローニアスの息子レアティーズと剣の試合をすることになったが、レアティーズの剣にクローディアスは毒を塗る。剣術の試合の中で、デンマーク王室は毒によって全滅する。

主な登場人物

クローディアス　デンマーク王
ハムレット　先王の子息、現王の甥
ポローニアス　国政顧問官
ホレイショー　ハムレットの友人
レアティーズ　ポローニアスの息子
フォーティンブラス　ノルウェー王子
ガートルード　デンマークの王妃、ハムレットの母
オフィーリア　ポローニアスの娘
ハムレットの父の亡霊

オセロ

あらすじ

黒人だが人格高潔なオセロが将軍をつとめるベニス軍のイアーゴーは、実戦経験の豊富な自分を旗手にしておくのに、青二才のキャシオーを副官に選んだオセロが憎い。デズデモーナは、ベニスの元老院議員のブラバンショーの美しく聡明な一人娘で、多くのベニスの若者たちに求婚されていたが、黒人将軍オセロを夫に選ぶ。イアーゴーは、忠実で愛想のよい仮面をかぶっているが、実はそうではない。

ブラバンショーは、娘とオセロの結婚を不満に思

い、元老院とベニス大公に訴える。そこへデズデモーナが呼ばれ彼女が結婚にいたるまでの経緯を話すと、元老院と大公はオセロとの結婚を公にして、この件は落着となる。ただちに軍議に移り、その結果オセロは総督としてキプロス島に赴任することが決まり、デズデモーナも夫とともに島に渡ることになる。

イアーゴーは、オセロを陥れる計画を実行する。計画は用意周到で、前キプロス島総督のモンターノを利用して副官のキャシオーを免官にする。そしてオセローのデズデモーナへの贈り物のハンカチを手に入れ、それを使って、キャシオーとデズデモーナの不倫関係をでっち上げ、オセロに吹き込む。オセロは嫉妬の鬼となり、キャシオーとデズデモーナの殺害を決意し、デズデモーナは夫に絞め殺されてしまう。

エミリアはデズデモーナの侍女で、イアーゴーの妻でもある。彼女は事件の真相を知り、大騒ぎをする。そして、オセロは無実の罪でデズデモーナを殺したことに気づく。イアーゴーはエミリアを刺し殺して逃げ去るが、すぐに捕らえられる。イアーゴーを忠実な男と信じて疑わなかったオセロは、やっと真実に気がつく。オセロは、妻を殺した経緯を弁明しながら、自ら命を絶つ。

主な登場人物

ベニス大公

ブラバンショー　議官、デズデモーナの父

オセロ　ベニス政府に仕えるムーア人

キャシオー　彼の副官

イアーゴー　彼の旗手

デズデモーナ　ブラバンショーの娘でオセローの妻

エミリア　イアーゴーの妻

リア王

あらすじ

ブリテン王リアには三人の娘がいた。長女のゴネリル、次女のリーガン、末娘のコーディリアである。リアは老齢になったため、三人の娘に自分の領地を譲ろうと考え、どれだけ自分のことを愛してるかによってそれを決めるという。長女と次女はいかに自分たちが孝行娘か、言葉巧みに取り入って父王を喜ばせる。末娘コーディリアは最も父を愛していたにもかかわらず、リアは末娘の飾り気のない率直な物言いに激怒して、彼女を勘当し、コーディリアをかばった忠臣ケントとともに追放してしまう。ケントは姿かたちを変えてリアの元に戻り、コーディリアは以前から求婚されていたフランス王に王妃として迎えられる。リアは長女のゴネリルと次女のリーガンの居城に交互に世話になるが、娘たちに冷たく扱われ、荒野をさまよい、次第に正気を失ってゆく。

リアを助けるため、コーディリアはフランス軍とともにブリテンに侵入するが、敗北し投獄され、殺されてしまう。末娘の心を理解したリアは、コーディリアの死体を抱きながらこと切れる。

主な登場人物

リア　ブリテン王
フランス王
ケント伯爵
ゴネリル　リア王の娘
リーガン　リア王の娘
コーディリア　リア王の娘

ベニスの商人

あらすじ

舞台は中世のイタリアのベニス。ベニスのアントーニオは貿易商で大金持ちだ。彼に親友のバサーニオがお金を借りにくる。ベルモントのポーシャという才色兼備の娘に求婚するためにお金が必要だという。ポーシャは、最近亡父の莫大な遺産と遺言をついだばかりである。その遺言は、彼女と結婚するには、それぞれに言葉を刻んだ金、銀、鉛の箱からポーシャの絵姿の入った箱を選ばなくてはいけないというものだ。アントーニオの財産はあいにく船の上で、手元には現金がほとんどない。アントーニオは親友のためにユダヤ人のシャイロックから金を借りた。条件は、期日通りに返済できない場合、違約金の代わりに体の肉一ポンドを切り取ってもいいという証文に判をつくこと。バサーニオは箱選びに成功し、二人は結ばれた。一方、アントーニオは船がすべて難破して破産。シャイロックは普段から憎んでいたので、証文通りと言って譲らない。胸の肉を切り取るつもりだ。裁判官に変装したポーシャは体の肉一ポンドを切り取ってもいいが、血を一滴も流してはならない、という判決を下す。

主な登場人物

ベニスの大公

アントーニオ　ベニスの商人

バサーニオ　その友人、ポーシャへの求婚者

シャイロック　富裕なユダヤ人

ポーシャ　富裕な女性、相続人

[著者プロフィール]
下館和巳（しもだて かずみ）
1955年宮城県塩竈市生まれ。
「シェイクスピア・カンパニー」主宰・演出家。東北学院大学教養学部言語文化学科教授。国際基督教大学大学院比較文化研究科修了。大学在学中、イギリスのエクセター大学留学。ケンブリッジ大学客員研究員（1992/2002）。ロンドン「グローブ座」ダイレクティング・フェロー（2002）。著書に『東北シェイクスピア脚本集』全5巻（ココ出版、2016）、『東北のジュリエット』（河北新報出版センター、2016）。

写真提供　シェイクスピア・カンパニー

ハムレット、東北《とうほく》に立《た》つ
東北弁《とうほくべん》シェイクスピア劇団《げきだん》の冒険《ぼうけん》

下館和巳　著

2017年2月10日　初版第一刷　発行

発行者　佐藤今朝夫
発行所　株式会社国書刊行会
〒174-0056　東京都板橋区志村 1-13-15
電話　03-5970-7421　ファックス　03-5970-7427
http://www.kokusho.co.jp

装幀・造本　折原カズヒロ
カバーイラスト　鈴木勇介
印刷・製本　中央精版印刷株式会社

ISBN978-4-336-06076-1